CONQUISTANDO NUEVOS MERCADOS

Estrategias de Marketing y Valor en Mercados Globales

CONSULTORIA IA

Consultoria IA

Copyright © 2024 Consultoria IA

All rights reserved

The characters and events portrayed in this book are fictitious. Any similarity to real persons, living or dead, is coincidental and not intended by the author.

No part of this book may be reproduced, or stored in a retrieval system, or transmitted in any form or by any means, electronic, mechanical, photocopying, recording, or otherwise, without express written permission of the publisher.

Cover design by: Art Painter
Library of Congress Control Number: 2018675309
Printed in the United States of America

A mis padres

CONTENIDO

Titulo

Derechos de autor

Dedicatoria

Porque leer este libro

Audiencia objetivo

Breve reseña

Introducción

1. Fundamentos del Marketing Global

2. Investigación de Mercados Internacionales

3. Desarrollo de Estrategias de Entrada

4. Adaptación Cultural y Marketing

5. Marketing Digital en el Ámbito Global

6. Gestión del Valor en Mercados Globales

7. Innovación y Tecnología en el Marketing Internacional

8. Logística y Distribución Internacional

9. Manejo de Crisis y Riesgos Internacionales

10. Evaluación del Éxito y Mejora Continua

PORQUE LEER ESTE LIBRO

1. Dominio de Estrategias Globales: Este libro proporciona una comprensión profunda de las estrategias de marketing y gestión del valor que son esenciales para triunfar en mercados internacionales. Con ejemplos prácticos y estudios de caso, aprenderás a adaptar tus enfoques a diversas culturas y economías, maximizando tu alcance y efectividad global.

2. Innovación en Marketing: Descubre las últimas tendencias y técnicas en marketing global que están transformando industrias. El libro cubre desde la digitalización y el marketing en redes sociales hasta la personalización y la inteligencia artificial, equipándote con herramientas modernas para destacar en un entorno competitivo.

3. Optimización del Valor: Aprenderás a gestionar y aumentar el valor percibido de tu producto o servicio en distintos mercados. Esto incluye técnicas para mejorar la percepción de la marca, estrategias de fijación de precios adaptadas y métodos para fidelizar clientes en diferentes contextos culturales, asegurando un crecimiento sostenible y rentable.

AUDIENCIA OBJETIVO

La audiencia objetivo para "Conquistando nuevos mercados: Estrategias de Marketing y Valor en Mercados Globales" incluye:

1. Profesionales de Marketing Internacional: Ejecutivos, gerentes y especialistas en marketing que buscan expandir sus conocimientos sobre estrategias efectivas en mercados globales y mejorar sus habilidades para adaptarse a diferentes culturas y economías.

2. Emprendedores y Dueños de Negocios: Personas que desean llevar sus productos o servicios a un nivel internacional, comprendiendo las mejores prácticas para introducirse en nuevos mercados y gestionar su marca globalmente.

3. Estudiantes y Académicos de Negocios: Estudiantes de marketing, administración de empresas y comercio internacional que buscan obtener una visión práctica y actualizada sobre cómo triunfar en el ámbito global, apoyados por estudios de caso y ejemplos reales.

4. Consultores y Asesores Empresariales: Profesionales que ofrecen asesoría en marketing y expansión internacional, interesados en conocer las estrategias más recientes y efectivas para recomendar a sus clientes.

5. Directores y Gerentes de Exportación: Responsables de las estrategias de exportación de sus empresas, interesados en optimizar sus enfoques para maximizar el valor y el éxito en mercados extranjeros.

BREVE RESEÑA

Conquistando nuevos mercados: Estrategias de Marketing y Valor en Mercados Globales es una guía esencial para cualquier profesional que busque triunfar en el competitivo entorno global. Este libro ofrece un enfoque integral sobre cómo desarrollar y ejecutar estrategias de marketing efectivas y gestionar el valor en diversos mercados internacionales. Con una mezcla de teorías avanzadas y casos prácticos, aprenderás a adaptarte a diferentes culturas, utilizar las últimas tendencias en marketing digital y maximizar el valor de tu oferta para asegurar el éxito a largo plazo. Ya seas un empresario, un profesional de marketing, un consultor o un estudiante, este libro te proporcionará las herramientas y conocimientos necesarios para conquistar los mercados globales con confianza y eficacia.

INTRODUCCIÓN

En un mundo cada vez más interconectado, el éxito en los negocios ya no se limita a dominar el mercado local. Para alcanzar un crecimiento sostenible y maximizar el potencial de una empresa, es fundamental entender y aprovechar las oportunidades que ofrecen los mercados globales. "Conquistando nuevos mercados: Estrategias de Marketing y Valor en Mercados Globales" nace de esta necesidad imperiosa de expansión y adaptación.

Este libro es una guía exhaustiva diseñada para equiparte con las herramientas y conocimientos necesarios para triunfar en un entorno global competitivo. A lo largo de sus páginas, exploraremos las complejidades del marketing internacional, desde la investigación y análisis de mercados hasta la implementación de estrategias que resuenen en diversas culturas y contextos económicos.

Abordaremos temas cruciales como la digitalización, el marketing en redes sociales, la personalización y la inteligencia artificial, proporcionando ejemplos prácticos y estudios de caso que ilustran cómo las empresas han logrado adaptarse y prosperar en mercados extranjeros. También aprenderás a gestionar y aumentar el valor percibido de tu producto o servicio, una habilidad esencial para establecer una marca sólida y fidelizar clientes en todo el mundo.

Ya seas un emprendedor ambicioso, un profesional de marketing en busca de nuevas perspectivas, un consultor que asesora a empresas en su expansión internacional, o un estudiante de negocios deseoso de obtener una comprensión profunda del marketing global, este libro está diseñado para ti.

Prepárate para embarcarte en un viaje de descubrimiento y aprendizaje que transformará tu enfoque del marketing y la gestión del valor en un contexto global. Con los conocimientos adquiridos, estarás listo para conquistar el mundo y llevar tu negocio al siguiente nivel de éxito internacional.

1. FUNDAMENTOS DEL MARKETING GLOBAL

Introducción al Marketing Internacional

El marketing internacional se ha convertido en un componente esencial para las empresas que buscan expandirse y competir en el escenario global. En un mundo cada vez más interconectado, la capacidad de una empresa para penetrar mercados extranjeros puede significar la diferencia entre el éxito y el estancamiento. Pero, ¿qué implica exactamente el marketing internacional y cuáles son sus fundamentos?

El marketing internacional, o global, se refiere a las estrategias y prácticas que las empresas utilizan para comercializar sus productos o servicios más allá de sus fronteras nacionales. Esto no solo incluye la adaptación de los productos y campañas publicitarias a diferentes culturas y preferencias, sino también la navegación de las complejidades legales y económicas de cada país. A medida que las empresas se internacionalizan, enfrentan el desafío de equilibrar la coherencia global de su marca con la necesidad de personalización local.

Consideremos el caso de Coca-Cola, una de las marcas más reconocidas a nivel mundial. Coca-Cola ha logrado adaptar su estrategia de marketing a diversos mercados sin perder su identidad global. En Japón, por ejemplo, Coca-Cola ofrece variantes del producto que no se encuentran en otros lugares, como la Coca-Cola de té verde. Esta adaptación responde a las preferencias locales de los consumidores japoneses, quienes valoran las bebidas que ofrecen beneficios para la salud.

Sin embargo, Coca-Cola mantiene su marca reconocible y su mensaje central de felicidad y compartir en todas sus campañas globales. Esto demuestra cómo una empresa puede ser global y local al mismo tiempo, adaptando su oferta sin perder su esencia de marca.

Uno de los mayores desafíos del marketing internacional es la diversidad cultural. Las diferencias culturales pueden influir en la percepción de los productos y en la efectividad de las campañas publicitarias. Un mensaje que resuena bien en un país puede no tener el mismo impacto en otro, o peor aún, puede resultar ofensivo. Las empresas deben realizar investigaciones exhaustivas para entender las sensibilidades culturales y adaptar sus estrategias en consecuencia.

Otro desafío significativo es la legalidad y la regulación. Cada país tiene sus propias leyes y regulaciones que afectan la manera en que los productos pueden ser comercializados. Por ejemplo, los estándares de seguridad alimentaria en la Unión Europea son mucho más estrictos que en otros lugares, lo que requiere que las empresas adapten sus productos para cumplir con estas normativas.

McDonald's es otro ejemplo destacado de una empresa que ha dominado el marketing internacional. La cadena de comida rápida adapta su menú para satisfacer los gustos locales en cada país. En India, donde una gran parte de la población es vegetariana, McDonald's ofrece una amplia variedad de opciones sin carne, como el McAloo Tikki, una hamburguesa de patata y guisantes.

Además, McDonald's ajusta su comunicación y marketing para alinearse con las costumbres locales. En algunos países, las campañas publicitarias de McDonald's hacen hincapié en la familiaridad y la comodidad, mientras que en otros se centran en la velocidad y la eficiencia.

Estrategias de Entrada en el Mercado

La entrada en mercados extranjeros puede realizarse a través de diversas estrategias, cada una con sus propios riesgos y beneficios. Algunas de las estrategias más comunes incluyen la exportación, las licencias, las franquicias, las empresas conjuntas y las subsidiarias de propiedad total.

1. Exportación: Es la forma más sencilla y menos costosa de entrar en un mercado extranjero. La empresa produce sus productos en su país de origen y los vende en el extranjero. Sin embargo, esta estrategia puede estar limitada por barreras arancelarias y costos de transporte.

2. Licencias: Consiste en otorgar a una empresa extranjera el derecho a producir y vender los productos de la empresa licenciante. Esta estrategia permite una entrada rápida y con menos riesgo, pero la empresa licenciante tiene menos control sobre la producción y el marketing.

3. Franquicias: Similar a las licencias, pero con un mayor control sobre la forma en que se gestionan los negocios. La empresa franquiciante proporciona un modelo de negocio completo, incluyendo soporte y capacitación.

4. Empresas Conjuntas: Implica la colaboración con una empresa local para formar una nueva entidad empresarial. Esta estrategia permite compartir los riesgos y beneficios, y proporciona un conocimiento local valioso.

5. Subsidiarias de Propiedad Total: La empresa establece o adquiere una empresa en el extranjero que es totalmente controlada por la empresa matriz. Esta estrategia ofrece el mayor control, pero también implica los mayores costos y riesgos.

Starbucks ha utilizado una combinación de franquicias y empresas conjuntas para expandirse globalmente. En China, Starbucks formó una empresa conjunta con una compañía local para entender mejor el mercado y adaptarse a las preferencias locales. Esta colaboración ha sido fundamental para el éxito de Starbucks en un mercado tan complejo y diverso como el chino.

El futuro del marketing internacional se perfila emocionante y lleno de desafíos. La digitalización y el comercio electrónico están transformando la manera en que las empresas acceden a los mercados globales. Hoy en día, incluso las pequeñas y medianas empresas pueden vender sus productos a nivel mundial a través de plataformas en línea como Amazon y Alibaba.

Sin embargo, esta globalización también conlleva desafíos. La creciente preocupación por la privacidad de los datos y las regulaciones como el GDPR en Europa imponen nuevas exigencias a las empresas. Además, la sostenibilidad y la responsabilidad social están ganando importancia, y las empresas deben adaptar sus prácticas para cumplir con las expectativas de los consumidores y las regulaciones ambientales.

Tesla es un ejemplo de una empresa que utiliza la digitalización para su ventaja en el marketing internacional. A través de su sitio web, Tesla puede vender sus vehículos eléctricos directamente a consumidores en todo el mundo, evitando intermediarios y reduciendo costos. Además, Tesla utiliza datos en tiempo real para mejorar la experiencia del cliente y optimizar sus operaciones globales.

El marketing internacional es una disciplina compleja pero esencial para cualquier empresa que aspire a crecer y competir en el escenario global. La capacidad de adaptarse a diferentes culturas, cumplir con regulaciones locales y aprovechar las oportunidades de digitalización y comercio electrónico son claves para el éxito en el marketing global. A medida que el mundo se vuelve más interconectado, las empresas deben estar preparadas para enfrentar los desafíos y aprovechar las oportunidades que presenta el marketing internacional. Con una estrategia bien planificada y una comprensión profunda de los mercados locales, las empresas pueden no solo sobrevivir, sino prosperar en el competitivo mercado global.

Diferencias entre Marketing Local y Global

El marketing local y el marketing global, aunque comparten principios básicos, difieren significativamente en su enfoque, alcance y ejecución. Comprender estas diferencias es crucial para las empresas que desean navegar eficientemente en ambos ámbitos y optimizar sus estrategias para maximizar el impacto.

El marketing local se centra en un mercado geográfico específico, ya sea una ciudad, región o país. Su objetivo principal es satisfacer las necesidades y deseos de los consumidores locales mediante productos y servicios adaptados a sus preferencias culturales, económicas y sociales. Las campañas de marketing local suelen ser más personalizadas y directas, utilizando medios de comunicación que resuenan con la audiencia local, como la publicidad en periódicos regionales, estaciones de radio locales, y eventos comunitarios.

En contraste, el marketing global tiene un alcance mucho más amplio, abarcando múltiples países y regiones. Su objetivo es crear una presencia de marca consistente a nivel mundial mientras se adapta a las particularidades de cada mercado local. Este equilibrio entre la coherencia global y la personalización local es uno de los mayores desafíos del marketing global. Las empresas deben mantener su identidad y valores de marca al mismo tiempo que se adaptan a las diferencias culturales, lingüísticas y regulatorias de cada mercado.

Nike es un ejemplo emblemático de una marca que ha dominado el equilibrio entre marketing local y global. A nivel global, Nike mantiene una imagen de marca coherente enfocada en la innovación, el rendimiento y la inspiración. Sus campañas publicitarias globales, como "Just Do It", son reconocidas en todo el mundo y transmiten un mensaje universal de superación personal y excelencia deportiva.

Sin embargo, Nike también adapta sus campañas a nivel local para resonar con audiencias específicas. Por ejemplo, en China, Nike ha lanzado campañas que destacan a atletas chinos y celebran festividades locales, como el Año Nuevo Chino. Esta combinación de una fuerte identidad global y una adaptación local eficaz permite a Nike conectar profundamente con consumidores de diversas culturas sin diluir su marca central.

Estrategias y Tácticas

Las estrategias y tácticas de marketing local suelen ser más flexibles y rápidas de implementar. Las empresas pueden aprovechar su conocimiento íntimo del mercado local para responder rápidamente a cambios en las preferencias de los consumidores o a oportunidades de mercado. La proximidad geográfica y cultural permite una mayor personalización en las campañas de marketing, lo que puede resultar en una mayor lealtad y satisfacción del cliente.

Por otro lado, el marketing global requiere una planificación más cuidadosa y una ejecución más coordinada. Las empresas deben desarrollar estrategias integradas que alineen sus objetivos globales con las necesidades locales. Esto a menudo implica una inversión significativa en investigación de mercado para entender las diferencias culturales y económicas entre los mercados. Además, las empresas deben establecer estructuras organizativas y sistemas de comunicación efectivos para coordinar sus esfuerzos a nivel mundial.

Unilever es una empresa que ejemplifica la complejidad de las estrategias de marketing global. Con una cartera de marcas que incluye Dove, Lipton y Knorr, Unilever opera en más de 190 países. La empresa adopta una estrategia de "pensar globalmente, actuar localmente", donde se establecen directrices globales que luego se adaptan a las condiciones locales.

Por ejemplo, la marca Dove lleva a cabo la campaña global "Real Beauty" que promueve la autoaceptación y la diversidad. Sin embargo, en mercados específicos, Dove adapta sus mensajes para alinearse con las normas de belleza locales y las sensibilidades culturales. En Brasil, la campaña se centró en la aceptación del cabello rizado, mientras que en India se promovió la belleza en todas las tonalidades de piel.

Principales Teorías y Modelos

El marketing global se basa en una serie de teorías y modelos que ayudan a las empresas a desarrollar estrategias efectivas y a entender mejor los mercados internacionales. Estas teorías y modelos proporcionan marcos conceptuales para analizar el comportamiento del consumidor, segmentar mercados y tomar decisiones estratégicas.

Teoría de la Ventaja Comparativa

La teoría de la ventaja comparativa, desarrollada por David Ricardo en el siglo XIX, es uno de los pilares de la economía internacional y tiene implicaciones directas para el marketing global. Esta teoría sostiene que los países deben especializarse en producir y exportar aquellos bienes en los que tienen una ventaja comparativa, es decir, aquellos que pueden producir de manera más eficiente que otros países.

Para las empresas, esto significa que deben identificar y aprovechar sus ventajas competitivas en los mercados globales. Por ejemplo, una empresa de tecnología en Silicon Valley puede tener una ventaja comparativa en la innovación y el desarrollo de software, lo que le permite competir eficazmente en mercados internacionales. Al centrarse en sus fortalezas y subcontratar o importar productos y servicios en los que no son tan eficientes, las empresas pueden optimizar su competitividad global.

Modelo de la Pirámide de Maslow

El modelo de la pirámide de Maslow, aunque originalmente una teoría psicológica sobre las necesidades humanas, también tiene aplicaciones en el marketing global. Este modelo sugiere que las necesidades humanas se organizan en una jerarquía, desde las necesidades básicas de supervivencia hasta la autoactualización.

En el contexto del marketing global, las empresas pueden usar este modelo para segmentar mercados y desarrollar productos que satisfagan diferentes niveles de necesidades en distintas regiones. En países en desarrollo, las campañas de marketing pueden centrarse en satisfacer necesidades básicas, como la alimentación y la seguridad. En mercados más maduros, las campañas pueden dirigirse a necesidades más elevadas, como la autoestima y la autorrealización.

Procter & Gamble (P&G) utiliza el modelo de Maslow para adaptar sus estrategias de marketing a diferentes mercados. En mercados emergentes, P&G se centra en productos que satisfacen necesidades básicas, como la higiene y la salud. Por ejemplo, en India, la compañía ha lanzado campañas educativas sobre la importancia del lavado de manos y ha introducido productos de higiene asequibles.

En mercados desarrollados, P&G comercializa productos que abordan necesidades más elevadas. Por ejemplo, su línea de productos de cuidado personal Olay se enfoca en la belleza y el cuidado de la piel, promoviendo la autoexpresión y la confianza personal.

Modelo de Internacionalización de Uppsala

El modelo de internacionalización de Uppsala, desarrollado por los académicos suecos Johanson y Vahlne, describe el proceso gradual mediante el cual las empresas se internacionalizan. Este modelo sugiere que las empresas inicialmente entran en mercados extranjeros geográficamente y culturalmente cercanos y, a medida que adquieren experiencia, se expanden a mercados más distantes y diferentes.

Este enfoque incremental permite a las empresas gestionar el riesgo y aprender sobre los mercados extranjeros de manera progresiva. La internacionalización gradual también facilita la adaptación de las estrategias de marketing a las condiciones locales, reduciendo la posibilidad de errores costosos.

IKEA es un ejemplo de una empresa que ha seguido el modelo de internacionalización de Uppsala. La empresa sueca comenzó su expansión internacional en países nórdicos y europeos, que eran cultural y geográficamente cercanos a su mercado doméstico. Con el tiempo, IKEA adquirió experiencia y confianza para expandirse a mercados más distantes y culturalmente diversos, como Asia y América del Norte.

IKEA adapta su modelo de negocio y sus estrategias de marketing para cada mercado, considerando las preferencias locales y los estilos de vida. En Japón, por ejemplo, IKEA ofrece muebles que se adaptan a los espacios reducidos típicos de las viviendas japonesas y ha ajustado su experiencia de compra para satisfacer las expectativas de los consumidores locales.

El futuro del marketing global estará moldeado por varios factores clave, incluyendo la digitalización, la sostenibilidad y la evolución de las expectativas de los consumidores. Las empresas deberán mantenerse ágiles y adaptativas para navegar estos cambios y capitalizar las oportunidades emergentes.

Digitalización y Big Data

La digitalización y el uso de big data están transformando el marketing global. Las empresas ahora tienen acceso a cantidades masivas de datos sobre los comportamientos y preferencias de los consumidores a nivel mundial. Esta información permite una segmentación de mercado más precisa y la personalización de las campañas de marketing a una escala sin precedentes.

Las herramientas de análisis de big data permiten a las empresas identificar tendencias emergentes y ajustar sus estrategias en tiempo real. Por ejemplo, una empresa de moda puede utilizar datos de redes sociales para identificar estilos y colores de moda en diferentes regiones y ajustar su inventario y campañas de marketing en consecuencia.

Zara, la cadena de moda española, es conocida por su capacidad para responder rápidamente a las tendencias de moda globales. Utiliza datos en tiempo real de sus tiendas y redes sociales para identificar las preferencias de los consumidores y ajustar su producción y distribución en cuestión de semanas. Esta agilidad permite a Zara ofrecer productos que están en línea con las tendencias actuales en diversos mercados alrededor del mundo.

Sostenibilidad y Responsabilidad Social

La sostenibilidad y la responsabilidad social están ganando importancia en el marketing global. Los consumidores de todo el mundo están cada vez más preocupados por el impacto ambiental y social de los productos que compran. Las empresas deben integrar prácticas sostenibles y responsables en sus operaciones y comunicar estos esfuerzos de manera efectiva a sus consumidores.

Esto implica no solo el cumplimiento de las regulaciones ambientales, sino también la adopción de prácticas de producción ética y la transparencia en toda la cadena de suministro. Las campañas de marketing deben resaltar los esfuerzos de sostenibilidad de la empresa y conectar con los valores de los consumidores.

Patagonia, la marca de ropa outdoor, ha sido pionera en integrar la sostenibilidad en su estrategia de marketing global.

La empresa promueve la durabilidad de sus productos y alienta a los consumidores a reparar y reutilizar en lugar de comprar nuevo. Además, Patagonia destina un porcentaje de sus ingresos a la conservación ambiental y se ha pronunciado en temas políticos relacionados con la sostenibilidad.

Evolución de las Expectativas del Consumidor

Las expectativas de los consumidores están evolucionando rápidamente, impulsadas por la tecnología y el acceso a la información. Los consumidores de hoy esperan experiencias personalizadas, conveniencia y una conexión emocional con las marcas. Además, valoran la autenticidad y la transparencia.

Las empresas deben adaptarse a estas expectativas cambiantes mediante la adopción de tecnologías emergentes como la inteligencia artificial y la realidad aumentada para mejorar la experiencia del cliente. También deben construir narrativas de marca que resuenen emocionalmente y que sean auténticas y transparentes.

Apple ha construido una marca global basada en la innovación, la calidad y la conexión emocional con sus usuarios. A través de su ecosistema de productos y servicios, Apple ofrece una experiencia de usuario integrada y personalizada. Además, la empresa comunica sus valores de manera clara y consistente, lo que ha creado una base de clientes leales en todo el mundo.

El marketing global es una disciplina dinámica y multifacética que requiere un equilibrio entre la coherencia global y la adaptación local. Las diferencias entre el marketing local y global, así como las teorías y modelos que guían las estrategias de internacionalización, son fundamentales para entender cómo las empresas pueden navegar y prosperar en un mercado global cada vez más complejo.

A medida que avanzamos hacia el futuro, la digitalización, la sostenibilidad y la evolución de las expectativas del consumidor serán factores críticos que moldearán el marketing global. Las empresas que puedan adaptarse rápidamente a estos cambios, aprovechar la tecnología y conectar auténticamente con sus consumidores estarán mejor posicionadas para tener éxito en el competitivo escenario global.

el marketing global no es simplemente una extensión del marketing local; es una disciplina en sí misma que requiere una comprensión profunda de las diferencias culturales, económicas y sociales entre los mercados. Con una estrategia bien diseñada y una ejecución cuidadosa, las empresas pueden aprovechar las oportunidades del marketing global para crecer y prosperar en un mundo cada vez más interconectado.

2. INVESTIGACIÓN DE MERCADOS INTERNACIONALES

La investigación de mercados internacionales es una disciplina fascinante y esencial para cualquier empresa que busque expandirse más allá de sus fronteras. Esta actividad implica un conjunto complejo de métodos y técnicas que permiten a las organizaciones entender mejor los mercados extranjeros, identificar oportunidades, evaluar riesgos y tomar decisiones informadas sobre su estrategia de entrada y operaciones en esos mercados. A continuación, exploraremos algunos de los métodos y técnicas más utilizados en la investigación de mercados internacionales, detallando cómo se aplican y la importancia de cada uno en el proceso.

Para empezar, uno de los métodos más tradicionales y efectivos en la investigación de mercados es la encuesta. Las encuestas permiten recolectar datos directamente de los consumidores potenciales en el mercado objetivo. Se pueden llevar a cabo de diversas formas, ya sea a través de cuestionarios en línea, entrevistas telefónicas o encuestas cara a cara. Las encuestas en línea han ganado popularidad debido a su costo relativamente bajo y la facilidad de acceso a una gran cantidad de personas. Sin embargo, al realizar encuestas en mercados internacionales, es crucial tener en cuenta las diferencias culturales que pueden afectar las respuestas. Por ejemplo, en algunos países, los encuestados pueden ser más reticentes a expresar críticas directas, lo que puede sesgar los resultados.

Otro método ampliamente utilizado es el análisis de datos secundarios. Este enfoque implica el uso de datos que ya han sido recolectados y publicados por otras fuentes, como gobiernos, organizaciones internacionales, asociaciones comerciales y empresas de investigación de mercados. El análisis de datos secundarios es particularmente útil para obtener una visión general del mercado y para identificar tendencias macroeconómicas y demográficas. No obstante, un desafío importante de este método es la disponibilidad y la fiabilidad de los datos. En algunos países, los datos pueden ser escasos o no estar actualizados, lo que puede limitar su utilidad.

La observación es otra técnica valiosa en la investigación de mercados internacionales. A través de la observación directa del comportamiento de los consumidores en el mercado objetivo, las empresas pueden obtener información cualitativa profunda sobre cómo los consumidores interactúan con productos y servicios. Esto puede involucrar visitas a tiendas, seguimiento de la actividad en línea o incluso la inmersión en la cultura local para entender mejor las preferencias y hábitos de consumo. Aunque la observación puede proporcionar insights valiosos, es un método que requiere tiempo y recursos significativos, y su éxito depende en gran medida de la habilidad del investigador para interpretar correctamente las señales observadas.

Un método complementario a la observación es la investigación etnográfica. Este enfoque implica un estudio más inmersivo y a largo plazo de los consumidores en su entorno natural. Los investigadores etnográficos pueden vivir y trabajar en la comunidad objetivo durante semanas o meses, participando en su vida diaria para obtener una comprensión profunda de sus necesidades, deseos y comportamientos. La etnografía puede revelar insights que otros métodos de investigación podrían pasar por alto, especialmente en cuanto a los matices culturales y las motivaciones subyacentes de los consumidores. Sin embargo, este método también es costoso y requiere una gran inversión de tiempo.

El análisis competitivo es otra técnica crucial en la investigación de mercados internacionales. Conocer a los competidores en el mercado objetivo, sus estrategias, fortalezas y debilidades es vital para formular una estrategia de entrada efectiva. Este análisis puede incluir el estudio de los productos y servicios de los competidores, sus precios, canales de distribución, tácticas de marketing y su presencia en el mercado. Las empresas pueden utilizar diversas fuentes para obtener esta información, como informes de la industria, análisis de mercado, noticias y datos financieros. La inteligencia competitiva bien realizada permite a las empresas anticipar movimientos de los competidores y adaptar sus estrategias para ganar una ventaja competitiva.

El focus group es otra herramienta poderosa en la investigación de mercados. Los grupos focales reúnen a un pequeño grupo de personas para discutir y dar su opinión sobre un producto, servicio o concepto. Esta técnica es especialmente útil para obtener feedback detallado y comprender las percepciones y actitudes de los consumidores hacia una oferta específica. Sin embargo, la realización de focus groups en mercados internacionales presenta desafíos adicionales, como la necesidad de moderadores locales que entiendan la cultura y el idioma, y la posible influencia de las dinámicas grupales culturales en las respuestas.

La investigación de mercados también se beneficia de métodos cuantitativos avanzados, como el análisis estadístico y los modelos econométricos. Estos métodos permiten a las empresas analizar grandes volúmenes de datos y extraer patrones y correlaciones que no serían evidentes de otro modo. Por ejemplo, el análisis de regresión puede ayudar a identificar factores que influyen en las ventas, mientras que los modelos predictivos pueden proyectar la demanda futura. La aplicación de técnicas cuantitativas requiere habilidades analíticas y conocimientos estadísticos, pero los insights obtenidos pueden ser extremadamente valiosos para la toma de decisiones estratégicas.

Una técnica emergente en la investigación de mercados internacionales es el análisis de big data. Con el aumento de la digitalización y la disponibilidad de datos en línea, las empresas ahora tienen acceso a cantidades masivas de información sobre los consumidores y sus comportamientos. El análisis de big data implica el uso de herramientas y técnicas avanzadas para procesar y analizar estos grandes conjuntos de datos, con el fin de identificar tendencias, patrones y oportunidades de mercado. Las tecnologías como el aprendizaje automático y la inteligencia artificial están revolucionando este campo, permitiendo análisis más rápidos y precisos.

El benchmarking es otra técnica que puede ser extremadamente útil. Este proceso implica comparar las prácticas, procesos y métricas de una empresa con las de sus competidores o con líderes de la industria. El objetivo es identificar áreas donde la empresa puede mejorar y adoptar mejores prácticas. El benchmarking puede ser especialmente valioso en la investigación de mercados internacionales, donde las empresas pueden aprender de los éxitos y fracasos de otras que ya han ingresado al mercado. Sin embargo, para que el benchmarking sea efectivo, es crucial seleccionar comparadores adecuados y obtener datos precisos y relevantes.

Finalmente, la investigación cualitativa en profundidad, como las entrevistas individuales, es una técnica fundamental en la investigación de mercados internacionales. Las entrevistas permiten obtener insights detallados y personales de los consumidores, empresarios, expertos de la industria y otros actores clave. Estas entrevistas pueden ser estructuradas, semiestructuradas o no estructuradas, dependiendo del nivel de profundidad y flexibilidad requerido. Las entrevistas cualitativas proporcionan una comprensión rica y matizada de las percepciones, actitudes y comportamientos de los consumidores, y son particularmente útiles para explorar temas complejos y subjetivos.

La investigación de mercados internacionales es un campo multifacético que requiere una combinación de métodos y técnicas para obtener una comprensión completa y precisa del mercado objetivo. Desde encuestas y análisis de datos secundarios hasta observación, etnografía y análisis competitivo, cada método tiene sus propias ventajas y desafíos. La clave del éxito en la investigación de mercados internacionales radica en la capacidad de combinar estas técnicas de manera efectiva, adaptándolas a las particularidades del mercado y la cultura objetivo. Solo a través de una investigación rigurosa y bien ejecutada, las empresas pueden tomar decisiones informadas que les permitan prosperar en el competitivo entorno global.

El análisis de datos y la segmentación de mercados son pilares fundamentales en la investigación de mercados. Ambos procesos permiten a las empresas identificar y comprender mejor a sus clientes, lo que les facilita la creación de estrategias de marketing más efectivas y personalizadas. En esta sección, te invitamos a explorar estos conceptos a través de preguntas y desafíos que te harán reflexionar sobre su aplicación práctica. Además, examinaremos algunos casos de éxito que ilustran cómo la investigación de mercados ha llevado a empresas a lograr resultados extraordinarios.

¿Qué es el análisis de datos y por qué es crucial en el marketing?

El análisis de datos implica la recopilación, procesamiento y examen de grandes volúmenes de datos para extraer información significativa y tomar decisiones informadas. En el contexto del marketing, este análisis permite a las empresas entender patrones de comportamiento del consumidor, identificar tendencias de mercado y evaluar la efectividad de sus estrategias.

Desafío: Imagina que trabajas en una empresa de comercio electrónico que ha experimentado una caída en las ventas durante los últimos tres meses. ¿Cómo utilizarías el análisis de datos para identificar las posibles causas de esta disminución y desarrollar una estrategia para revertir la situación?

Un ejemplo real de análisis de datos efectivo es el caso de Netflix. La compañía utiliza algoritmos avanzados y big data para analizar el comportamiento de visualización de sus usuarios. Al examinar qué programas y películas ven, cuándo pausan o dejan de ver, y las valoraciones que otorgan, Netflix puede personalizar las recomendaciones para cada usuario. Este enfoque no solo mejora la experiencia del usuario, sino que también incrementa la lealtad y el tiempo que los usuarios pasan en la plataforma.

¿Qué es la segmentación de mercados y cómo se realiza?

La segmentación de mercados es el proceso de dividir un mercado amplio y diverso en grupos más pequeños y homogéneos, con el fin de diseñar estrategias de marketing más específicas y efectivas. Este proceso se basa en diversas variables, como demográficas, geográficas, psicográficas y conductuales.

Desafío: Supongamos que eres el director de marketing de una empresa de productos de belleza. Tienes que lanzar una nueva línea de productos para el cuidado de la piel. ¿Cómo segmentarías tu mercado y qué estrategias utilizarías para dirigirte a cada segmento?

Un caso emblemático de segmentación de mercados es el de Coca-Cola. La compañía segmenta su mercado basándose en una variedad de factores. Por ejemplo, ofrece productos diferentes en función de las preferencias culturales y los hábitos de consumo de cada región. En Japón, Coca-Cola lanzó una bebida con sabor a té verde, adaptándose a las preferencias locales. Este enfoque de segmentación les permite atender mejor a sus clientes y maximizar su cuota de mercado en diferentes regiones.

¿Cómo se pueden combinar el análisis de datos y la segmentación de mercados para mejorar las estrategias de marketing?

El análisis de datos proporciona la base para una segmentación de mercados más precisa y efectiva. Al analizar los datos de comportamiento del consumidor, las empresas pueden identificar patrones y tendencias que les permitan definir segmentos más específicos y relevantes. Por ejemplo, en lugar de segmentar simplemente por edad o género, pueden identificar segmentos basados en comportamientos de compra, preferencias de productos y respuestas a campañas de marketing anteriores.

Desafío: Imagina que tienes acceso a una gran cantidad de datos de clientes, incluidos sus historiales de compra, preferencias de productos y respuestas a campañas de marketing. ¿Cómo utilizarías estos datos para crear segmentos de mercado más efectivos y diseñar campañas personalizadas para cada segmento?

Un ejemplo notable de esta combinación es el caso de Amazon. La compañía utiliza datos de compras anteriores, búsquedas, y comportamiento de navegación para segmentar su mercado y ofrecer recomendaciones personalizadas. Esta capacidad de ofrecer una experiencia de compra altamente personalizada no solo aumenta las ventas, sino que también mejora la satisfacción del cliente y fomenta la lealtad.

¿Cuáles son los desafíos del análisis de datos y la segmentación de mercados?

Aunque estos procesos ofrecen grandes beneficios, también presentan desafíos significativos. Uno de los principales desafíos es la calidad y precisión de los datos. Datos incompletos, incorrectos o desactualizados pueden llevar a conclusiones erróneas y decisiones de marketing ineficaces. Además, la protección de la privacidad de los datos de los clientes es crucial, especialmente en el contexto de regulaciones como el GDPR en Europa.

Desafío: ¿Cómo abordarías el problema de la calidad de los datos en tu empresa? ¿Qué medidas implementarías para garantizar que los datos que utilizas para el análisis y la segmentación sean precisos, completos y actualizados?

Otro desafío es la integración de datos de múltiples fuentes. Las empresas a menudo recopilan datos de diversas plataformas, como sitios web, redes sociales, y puntos de venta físicos. Integrar estos datos de manera coherente y efectiva puede ser complejo, pero es esencial para obtener una visión completa del comportamiento del cliente.

Casos de éxito en investigación de mercados

Para ilustrar cómo una investigación de mercados bien ejecutada puede llevar al éxito, consideremos algunos casos destacados:

1. Procter & Gamble y el lanzamiento de Pampers en China

Procter & Gamble (P&G) enfrentó un desafío significativo al intentar introducir su marca de pañales Pampers en China, un mercado donde los pañales desechables no eran comunes. A través de una exhaustiva investigación de mercados, P&G descubrió que los consumidores chinos valoraban el sueño de sus bebés como un factor crucial para la compra de pañales. Utilizando este insight, la empresa lanzó una campaña enfocada en cómo los pañales Pampers podían mejorar la calidad del sueño de los bebés, lo que resultó en un aumento significativo en las ventas y la penetración del mercado.

2. McDonald's y su adaptación al mercado indio

McDonald's es conocido por adaptar su menú a las preferencias locales en diferentes mercados. En India, la cadena de restaurantes enfrentó el desafío de operar en un país donde una gran parte de la población es vegetariana y el consumo de carne de res es culturalmente sensible. A través de una investigación de mercados detallada, McDonald's desarrolló un menú que incluye una amplia variedad de opciones vegetarianas, como el McAloo Tikki, que se ha convertido en un favorito local. Esta adaptación no solo ayudó a McDonald's a ingresar exitosamente al mercado indio, sino que también le permitió crecer de manera sostenible en la región.

3. Airbnb y su enfoque en la personalización

Airbnb utilizó el análisis de datos para entender mejor a sus usuarios y personalizar la experiencia de búsqueda y reserva en su plataforma. Analizando datos de comportamiento, Airbnb identificó que los usuarios valoraban las recomendaciones personalizadas basadas en sus preferencias y búsquedas anteriores. Implementaron algoritmos de recomendación que sugieren propiedades y experiencias adaptadas a cada usuario, lo que aumentó significativamente la tasa de conversión y mejoró la satisfacción del cliente.

4. Lego y su reposicionamiento de mercado

Lego, la famosa empresa de juguetes, enfrentó un declive en sus ventas a principios de la década de 2000. A través de una investigación de mercados profunda, Lego identificó que una de las razones de su declive era que se habían alejado de sus raíces y de lo que hacía que sus productos fueran únicos. La empresa redobló sus esfuerzos en comprender mejor a su base de consumidores, tanto niños como adultos aficionados. Este enfoque les permitió relanzar productos clásicos y desarrollar nuevas líneas, como Lego Friends para niñas, lo que revitalizó su marca y la llevó a un nuevo período de crecimiento y éxito.

Desafío final: Reflexiona sobre tu propia empresa o proyecto. ¿Cómo podrías aplicar las lecciones aprendidas de estos casos de éxito para mejorar tu propia estrategia de marketing? ¿Qué métodos de análisis de datos y segmentación de mercados podrías implementar para obtener resultados similares?

El análisis de datos y la segmentación de mercados son herramientas poderosas que pueden transformar la forma en que las empresas entienden y se conectan con sus clientes. A través de la utilización de técnicas avanzadas y una comprensión profunda de los comportamientos y necesidades del consumidor, las empresas pueden diseñar estrategias de marketing más efectivas y personalizadas. Los casos de éxito destacados demuestran cómo una investigación de mercados bien ejecutada puede llevar a resultados extraordinarios, proporcionando inspiración y aprendizajes valiosos para cualquier profesional del marketing. La clave está en la capacidad de adaptarse, innovar y utilizar la información disponible de manera estratégica para alcanzar el éxito en un entorno de mercado cada vez más competitivo y globalizado.

3. DESARROLLO DE ESTRATEGIAS DE ENTRADA

En el dinámico mundo de los negocios, el desarrollo de estrategias de entrada en nuevos mercados es un proceso crucial que puede marcar la diferencia entre el éxito rotundo y el estancamiento. Antes de aventurarse en un nuevo territorio, ya sea geográfico o sectorial, las empresas deben realizar una evaluación exhaustiva de las oportunidades que ofrece ese mercado específico. Esta evaluación no se limita únicamente a la demanda actual de productos o servicios, sino que abarca un análisis profundo de factores económicos, sociales, políticos y tecnológicos que podrían influir en el éxito o fracaso de la iniciativa.

Uno de los primeros pasos en este proceso es comprender la dinámica del mercado objetivo. ¿Cómo está estructurada la competencia? ¿Cuáles son las barreras de entrada existentes? Estas preguntas son fundamentales para determinar si el mercado es accesible y si existe espacio suficiente para que nuevos jugadores puedan posicionarse de manera efectiva. Además, es crucial evaluar la estabilidad económica y política del país o región en cuestión, ya que estos factores pueden impactar significativamente en la viabilidad a largo plazo de la inversión.

La evaluación de oportunidades de mercado no solo se centra en factores externos. Internamente, la empresa debe analizar su capacidad operativa y financiera para expandirse con éxito en el nuevo mercado. Esto implica evaluar si los recursos humanos, técnicos y financieros son adecuados y si es necesario algún tipo de adaptación o mejora antes de proceder con la expansión. Además, es esencial considerar cómo se alinearán las nuevas operaciones con la estrategia global de la empresa y cómo afectarán al resto de las operaciones existentes.

Un aspecto crucial en la evaluación de oportunidades de mercado es la investigación de mercado detallada. Esto implica recopilar y analizar datos sobre el comportamiento del consumidor, las tendencias de compra, las preferencias culturales y cualquier otra información relevante que pueda proporcionar una visión clara del entorno comercial. Las técnicas de investigación de mercado pueden variar desde encuestas y entrevistas hasta análisis de datos secundarios y estudios de caso de la competencia.

Una vez recopilada toda la información pertinente, es hora de realizar un análisis estratégico profundo. Esto implica identificar las fortalezas, debilidades, oportunidades y amenazas (análisis FODA) que enfrentará la empresa en el nuevo mercado. Este análisis proporciona una base sólida para desarrollar estrategias efectivas que capitalicen las oportunidades identificadas mientras mitigan los riesgos potenciales.

La segmentación de mercado y la identificación del público objetivo son pasos cruciales en el desarrollo de estrategias de entrada exitosas. Comprender las necesidades y deseos específicos de los diferentes segmentos de consumidores permite a las empresas adaptar sus productos, servicios y mensajes de marketing de manera que resuenen profundamente con el público objetivo. Esto no solo facilita la penetración en el mercado, sino que también fomenta relaciones duraderas y leales con los clientes.

Además, la elección del canal de entrada adecuado desempeña un papel crucial en el éxito de la estrategia de entrada. Dependiendo del mercado y de la industria, las empresas pueden optar por estrategias como la exportación directa, la asociación con distribuidores locales, la creación de subsidiarias o la inversión en empresas conjuntas. Cada canal tiene sus propias ventajas y desafíos, y la elección correcta dependerá de factores como la infraestructura local, las regulaciones comerciales y las preferencias del consumidor.

El desarrollo de estrategias de entrada efectivas implica un proceso meticuloso y multidimensional que abarca desde la evaluación exhaustiva de oportunidades de mercado hasta la implementación de tácticas específicas de penetración y crecimiento. La capacidad de una empresa para navegar este proceso con éxito no solo depende de su capacidad para identificar oportunidades lucrativas, sino también de su habilidad para adaptarse de manera ágil y estratégica a las dinámicas cambiantes del mercado global.

En el complejo panorama empresarial global, la selección de estrategias de entrada en nuevos mercados es una decisión estratégica clave que puede definir el éxito o el fracaso de una expansión internacional. Las empresas se enfrentan a una serie de opciones, cada una con sus propios beneficios y desafíos únicos: desde la exportación directa hasta las franquicias y las empresas conjuntas (joint ventures). Cada una de estas estrategias tiene el potencial de abrir nuevas oportunidades de crecimiento, pero también conlleva riesgos que deben ser cuidadosamente evaluados y gestionados.

Selección de Estrategias de Entrada

Exportación Directa

La exportación directa es una de las formas más tradicionales de entrar en un nuevo mercado internacional. Consiste en vender productos o servicios producidos en el país de origen directamente en el mercado extranjero. Este enfoque permite a las empresas expandirse de manera gradual y controlada, aprovechando su experiencia en el mercado local para competir en nuevos territorios.

- ¿Cuáles son los principales beneficios de la exportación directa en comparación con otras estrategias de entrada?

- ¿Qué desafíos podrían enfrentar las empresas al optar por la exportación directa en mercados internacionales?

Un ejemplo claro de exportación directa es el caso de las empresas de tecnología estadounidenses que venden sus productos directamente a mercados europeos y asiáticos a través de acuerdos de distribución y ventas online. Este enfoque les permite mantener un control directo sobre la comercialización y la distribución de sus productos, adaptándolos según las necesidades locales.

Franquicias

Las franquicias representan otra estrategia popular de entrada en nuevos mercados, especialmente en sectores como la restauración rápida, los servicios personales y la hostelería. Este modelo implica la concesión de derechos de operación a terceros (los franquiciados) a cambio de regalías y tarifas de entrada. Es una forma eficaz de aprovechar el conocimiento local y la inversión del franquiciado para expandir rápidamente la presencia de la marca en diferentes geografías.

- ¿Qué ventajas específicas ofrece el modelo de franquicias en términos de adaptación cultural y operativa en mercados extranjeros?

- ¿Cuáles podrían ser los desafíos de mantener la coherencia de la marca y los estándares de calidad en un sistema de franquicia global?

Un ejemplo notable es el de McDonald's, que ha utilizado el modelo de franquicias para expandirse globalmente. Adaptando su menú y estrategias de marketing a las preferencias locales, ha logrado establecer una presencia significativa en casi todos los países del mundo.

Empresas Conjuntas (Joint Ventures)

Las empresas conjuntas implican la formación de una nueva entidad empresarial en colaboración con una empresa local en el mercado objetivo. Este enfoque es particularmente útil cuando se necesita acceso a recursos locales, conocimientos del mercado o relaciones políticas que una empresa extranjera por sí sola no puede obtener fácilmente.

- ¿Cuáles son las razones estratégicas clave para considerar una empresa conjunta como opción de entrada en un nuevo mercado?

- ¿Qué desafíos legales y culturales podrían surgir al establecer y gestionar una empresa conjunta en un país extranjero?

General Motors, por ejemplo, estableció una empresa conjunta con SAIC Motor en China para producir y comercializar vehículos en el mercado chino. Esta asociación ha permitido a GM acceder al mercado chino de manera efectiva mientras se beneficia de la experiencia local y el conocimiento del mercado de su socio.

Independientemente de la estrategia de entrada seleccionada, las empresas enfrentan una serie de desafíos comunes al expandirse a nuevos mercados internacionales. Estos desafíos pueden variar desde barreras culturales y lingüísticas hasta cuestiones regulatorias y económicas. Sin embargo, superar estos obstáculos puede conducir a una expansión exitosa y sostenible.

Barreras Culturales y Lingüísticas

La diversidad cultural y lingüística puede ser una barrera significativa para las empresas que intentan internacionalizarse. La falta de comprensión de las normas sociales, las tradiciones y los idiomas locales puede obstaculizar la comunicación efectiva y afectar las estrategias de marketing y ventas.

- ¿Cómo pueden las empresas superar las barreras culturales y lingüísticas al entrar en nuevos mercados?

- ¿Qué estrategias específicas pueden implementarse para adaptar los productos y servicios a las preferencias culturales locales?

Amazon enfrentó desafíos culturales significativos al expandirse a la India, donde tuvo que adaptar sus servicios y modelos de negocio para satisfacer las expectativas y necesidades de los consumidores indios. Esto incluyó la introducción de métodos de pago alternativos y la personalización del sitio web para reflejar la diversidad cultural del país.

Barreras Regulatorias y Legales

Las diferencias en las regulaciones y leyes locales pueden representar un obstáculo significativo para las empresas que intentan operar en mercados internacionales. Desde los requisitos de importación y exportación hasta las normativas laborales y fiscales, es crucial comprender y cumplir con el marco legal del país de destino.

- ¿Qué medidas pueden tomar las empresas para navegar las complejidades regulatorias y legales en nuevos mercados?

- ¿Cuál es el papel de los asesores legales y consultores locales en la gestión de riesgos regulatorios?

Uber ha enfrentado desafíos regulatorios en múltiples mercados internacionales debido a las diferencias en las leyes de transporte y la competencia local. La empresa ha tenido que adaptar su modelo de negocio y trabajar en colaboración con las autoridades locales para resolver conflictos regulatorios y operar de manera legal.

Riesgos Económicos y Financieros

Los riesgos económicos y financieros, como la volatilidad de las divisas, las fluctuaciones en los costos de los materiales y la inflación, pueden impactar negativamente en la rentabilidad de las operaciones internacionales. Gestionar estos riesgos es crucial para mantener la estabilidad financiera y operativa en mercados extranjeros.

- ¿Qué estrategias financieras pueden implementarse para mitigar los riesgos económicos en mercados internacionales?

- ¿Cómo pueden las empresas diversificar sus operaciones y fuentes de ingresos para reducir la exposición a riesgos específicos?

Coca-Cola ha utilizado estrategias de cobertura financiera para mitigar los riesgos asociados con las fluctuaciones en los tipos de cambio y los precios de los materiales clave, asegurando así la estabilidad de sus operaciones globales.

Seleccionar la estrategia de entrada adecuada y superar los desafíos asociados con la expansión internacional son pasos fundamentales para el éxito empresarial en un mercado globalizado y competitivo. Al comprender las opciones disponibles y planificar cuidadosamente cada paso del proceso de expansión, las empresas pueden maximizar sus oportunidades de crecimiento y establecer una presencia sólida y sostenible en nuevos mercados internacionales.

4. ADAPTACIÓN CULTURAL Y MARKETING

La adaptación cultural en el marketing es un factor crucial para el éxito global de cualquier marca o producto. En un mundo cada vez más interconectado, las diferencias culturales entre distintos países y regiones pueden afectar profundamente la percepción y la aceptación de mensajes de marketing. Comprender estas diferencias no solo es esencial para evitar malentendidos o errores, sino también para aprovechar las oportunidades que ofrece cada mercado de manera efectiva.

Cuando hablamos de diferencias culturales, nos referimos a una amplia gama de aspectos que van desde los valores y las creencias hasta las costumbres y tradiciones arraigadas en cada sociedad. Lo que puede ser perfectamente aceptable en un país puede ser totalmente inapropiado en otro. Por lo tanto, los profesionales del marketing global deben tener un conocimiento profundo y respetuoso de estas diferencias para diseñar estrategias que no solo sean efectivas, sino también culturalmente sensibles.

Imaginemos, por ejemplo, una campaña publicitaria que utiliza un sentido del humor sarcástico y directo. Esto puede funcionar bien en ciertos mercados occidentales donde el sarcasmo es parte del lenguaje cotidiano, pero podría ser completamente malinterpretado en culturas donde el respeto y la seriedad son valores más prominentes. Un error de este tipo no solo puede dañar la imagen de la marca, sino también alienar a potenciales consumidores.

Por lo tanto, el primer paso hacia una adecuada adaptación cultural en el marketing es la investigación profunda. Esto implica no solo recopilar datos demográficos y económicos, sino también sumergirse en la historia, la psicología y las dinámicas sociales de cada mercado objetivo. Solo mediante esta comprensión integral se pueden identificar las sensibilidades culturales que deben ser respetadas y, al mismo tiempo, las oportunidades que pueden ser aprovechadas.

Un aspecto clave de esta investigación es el análisis comparativo entre culturas. Aquí es donde se revelan las verdaderas diferencias en la percepción del mundo, la comunicación y los valores fundamentales. Por ejemplo, mientras que en algunos países la individualidad y la autonomía son valores altamente apreciados, en otros la colectividad y la armonía comunitaria tienen un peso mucho mayor. Estas diferencias afectan directamente cómo se reciben y se interpretan los mensajes de marketing.

Una vez que se han identificado estas diferencias culturales, el siguiente paso es la estrategia de adaptación. Esto implica ajustar no solo el contenido del mensaje, sino también el tono, los colores, las imágenes y los símbolos utilizados en la campaña. Por ejemplo, los colores pueden tener significados muy diferentes en diferentes culturas. Mientras que el rojo puede simbolizar pasión y energía en una cultura, puede asociarse con peligro o mala suerte en otra.

El lenguaje también desempeña un papel crucial en la adaptación cultural. Las expresiones idiomáticas, los juegos de palabras y los matices lingüísticos pueden perderse en la traducción si no se consideran las peculiaridades de cada idioma y cultura. Aquí es donde los equipos de localización y traducción juegan un papel vital, asegurando que el mensaje original se transmita de manera efectiva sin perder su intención o provocar malentendidos.

Además del contenido del mensaje, la adaptación cultural también se extiende a los canales de distribución y promoción utilizados. Lo que funciona como un medio eficaz de comunicación en un país puede no serlo en otro. Por ejemplo, mientras que las redes sociales pueden ser dominantes en algunos mercados, en otros la televisión y los medios impresos aún tienen una influencia significativa. Adaptar los canales de manera adecuada garantiza que el mensaje llegue a la audiencia correcta en el momento adecuado.

Un ejemplo notable de adaptación cultural efectiva en el marketing es la estrategia de McDonald's en diferentes países. Aunque la marca mantiene una identidad global reconocible, adapta su menú y su marketing para satisfacer los gustos y preferencias locales. Esto incluye la incorporación de productos que resuenan con la cultura local, así como la modificación de campañas publicitarias para reflejar los valores y tradiciones de cada región.

Sin embargo, la adaptación cultural no se trata solo de evitar ofensas o maximizar las ventas. También se trata de construir relaciones auténticas y significativas con los consumidores locales. Cuando las marcas muestran un genuino interés y respeto por la cultura de sus clientes, se establece una conexión emocional que va más allá de la transacción comercial. Esta conexión puede traducirse en lealtad a largo plazo y una reputación positiva para la marca en el mercado objetivo.

Además de la adaptación cultural en términos de contenido y comunicación, también es importante considerar las diferencias en los patrones de consumo y comportamiento del consumidor. Lo que impulsa las decisiones de compra en un país puede no ser relevante en otro. Por ejemplo, mientras que la conveniencia y la eficiencia pueden ser prioritarias en algunos mercados, la calidad y el prestigio pueden ser más valorados en otros.

Un aspecto interesante de las diferencias culturales es cómo afectan las percepciones de marca. Una marca puede ser percibida de manera muy diferente en diferentes partes del mundo, dependiendo de cómo se alinee con los valores y las aspiraciones locales. Por lo tanto, adaptar la imagen de marca para resonar con la identidad cultural de cada mercado puede ser tan crucial como adaptar los mensajes específicos de marketing.

Otro factor a considerar es la sensibilidad cultural en situaciones de crisis o controversia. Lo que puede considerarse aceptable en términos de publicidad en un país puede ser profundamente ofensivo en otro. Por lo tanto, las marcas globales deben estar preparadas para responder de manera rápida y efectiva a cualquier problema que pueda surgir debido a malentendidos culturales o interpretaciones incorrectas de sus campañas.

La adaptación cultural en el marketing es un proceso complejo pero fundamental para el éxito global de las marcas. Requiere una comprensión profunda y respetuosa de las diferencias culturales, así como la capacidad de ajustar estratégicamente los mensajes, los canales y la imagen de marca para cada mercado específico. Cuando se hace correctamente, no solo mejora la efectividad de las campañas de marketing, sino que también fortalece la relación entre la marca y sus consumidores globales.

Estrategias de Adaptación del Producto y Mensaje

La adaptación del producto y del mensaje es un aspecto crucial del marketing global, donde las diferencias culturales pueden impactar profundamente la percepción y aceptación de una marca. ¿Cómo pueden las empresas ajustar sus productos y mensajes para resonar mejor con diferentes culturas sin perder su identidad global? ¿Cuáles son las estrategias efectivas y qué ejemplos concretos podemos observar?

Adaptación del Producto

Cuando una empresa decide expandirse a mercados internacionales, uno de los primeros desafíos que enfrenta es la adaptación del producto. Esto va más allá de la traducción del etiquetado o del manual de instrucciones; implica comprender las preferencias, necesidades y expectativas de los consumidores locales. Por ejemplo, McDonald's es conocido por adaptar su menú a las preferencias culturales de cada país. En India, donde la mayoría de la población no consume carne de res debido a restricciones religiosas, McDonald's ofrece opciones vegetarianas como el McAloo Tikki Burger. Este ajuste no solo respeta las creencias locales, sino que también amplía el mercado potencial de la marca.

Otro caso destacado es el de Starbucks, que adapta sus bebidas para satisfacer los gustos locales. En China, por ejemplo, Starbucks introdujo bebidas calientes y tés que son más populares entre los consumidores chinos que el café tradicional occidental. Este enfoque no solo aumenta la relevancia de la marca, sino que también fortalece su conexión emocional con los clientes locales al ofrecer productos que se alinean con sus preferencias culturales.

Adaptación del Mensaje

La adaptación del mensaje es igualmente crucial para el éxito de una campaña de marketing internacional. Los mensajes que resuenan en un país pueden no ser efectivos en otro debido a diferencias en valores, humor, sensibilidades culturales y estilos de comunicación. ¿Cómo pueden las empresas ajustar su comunicación para ser efectivas en diferentes contextos culturales?

Un ejemplo notable de adaptación del mensaje es la campaña "Real Beauty" de Dove. La campaña original fue lanzada en Occidente con el mensaje de promover la belleza natural y la autoaceptación. Sin embargo, cuando se expandió a países como India y Japón, Dove adaptó el mensaje para reflejar las percepciones locales de belleza y autoimagen. En India, por ejemplo, la campaña destacó la diversidad de tonos de piel, que es un tema especialmente relevante en un país con una amplia gama de complexiones.

Estrategias Efectivas de Adaptación

Las estrategias efectivas de adaptación no solo tienen en cuenta las diferencias culturales, sino que también encuentran un equilibrio entre la globalización de la marca y la localización del mensaje. Una estrategia comúnmente utilizada es la investigación exhaustiva del mercado objetivo. Esto implica no solo estudiar las preferencias de consumo y las tendencias de compra, sino también comprender la historia cultural, los valores y las normas sociales que influyen en el comportamiento del consumidor.

Además de la investigación, las empresas pueden emplear equipos de localización y expertos en cultura para asegurar que los mensajes sean culturalmente relevantes y efectivos. Esto puede implicar adaptar el tono, el lenguaje, las referencias culturales y los símbolos utilizados en las campañas publicitarias. Por ejemplo, Coca-Cola ha sido reconocida por su capacidad para adaptar sus campañas navideñas a diferentes culturas y tradiciones locales sin perder su mensaje global de unión y felicidad.

Los casos de éxito y fracaso por adaptación cultural proporcionan lecciones valiosas sobre cómo las empresas pueden acercarse o alejarse del mercado local. Un ejemplo de éxito es la campaña de Nike en China, que ha sabido capturar el espíritu deportivo y la aspiración de los jóvenes chinos a través de campañas que resuenan con la cultura y los valores locales. Nike no solo ha adaptado sus productos para incluir características que son importantes para los consumidores chinos, como los colores auspiciosos y los diseños inspirados en la cultura china, sino que también ha desarrollado campañas publicitarias que celebran historias locales de superación y logros.

Por otro lado, un ejemplo de fracaso por falta de adaptación cultural es la experiencia de Walmart en Alemania. A pesar de su éxito en Estados Unidos, Walmart no pudo ganar tracción en el mercado alemán debido a su enfoque centralizado en los bajos precios y su incapacidad para adaptarse a las preferencias de los consumidores alemanes por productos frescos y de alta calidad, así como por un servicio al cliente más personalizado. Este caso subraya la importancia de comprender profundamente las expectativas y preferencias del consumidor local antes de ingresar a un nuevo mercado.

Adaptar productos y mensajes para diferentes culturas presenta desafíos significativos, pero también ofrece oportunidades para diferenciar una marca en un mercado global competitivo. Uno de los desafíos principales es encontrar el equilibrio adecuado entre la estandarización y la adaptación. Mientras que la estandarización puede proporcionar eficiencias operativas y coherencia de marca global, la adaptación permite a las empresas conectar más profundamente con los consumidores locales y construir relaciones más sólidas y duraderas.

Otro desafío es la gestión de la coherencia de marca global. A medida que las empresas adaptan sus productos y mensajes para diferentes mercados, es fundamental mantener una identidad de marca coherente que resuene en todos los lugares donde opera. Esto implica una cuidadosa planificación y coordinación entre equipos globales y locales para asegurar que cada adaptación refuerce la posición y los valores fundamentales de la marca.

Sin embargo, las oportunidades son igualmente significativas. Adaptarse con éxito a las preferencias y necesidades locales puede abrir nuevas vías de crecimiento y expansión para las empresas. Al ganar la confianza y lealtad de los consumidores locales, las marcas pueden aumentar su cuota de mercado y establecer una presencia sólida en nuevas geografías. Además, la adaptación cultural puede fomentar la innovación al inspirar nuevas ideas y enfoques que pueden ser aplicados de manera más amplia dentro de la organización.

La adaptación del producto y del mensaje es esencial para el éxito de las estrategias de marketing global. Al comprender y respetar las diferencias culturales, las empresas pueden crear campañas más efectivas y significativas que resuenen con los consumidores locales. A través de ejemplos tanto de éxito como de fracaso, podemos aprender lecciones valiosas sobre la importancia de la investigación de mercado, la flexibilidad estratégica y la sensibilidad cultural en la creación de conexiones auténticas con los consumidores globales.

Tema	Descripción
Adaptación del Producto	- Ajuste de características y funcionalidades del producto para cumplir con las preferencias y necesidades locales.
	- Ejemplo: McDonald's en India con opciones vegetarianas como el McAloo Tikki Burger.
	- Estrategia: Investigación profunda del mercado objetivo y adaptación del menú para reflejar las preferencias culturales locales.
Adaptación del Mensaje	- Adecuación del tono, lenguaje, referencias culturales y símbolos en las campañas publicitarias para resonar con los consumidores locales.
	- Ejemplo: Dove adaptando la campaña "Real Beauty" para reflejar la diversidad de tonos de piel en diferentes países.
	- Estrategia: Utilización de equipos de localización y expertos en cultura para asegurar la relevancia cultural del mensaje.
Estrategias Efectivas	- Investigación exhaustiva del mercado objetivo, incluyendo valores, normas sociales y tendencias de consumo.
	- Ejemplo: Nike adaptando productos y campañas para celebrar historias locales en China.

	- Estrategia: Coordinación global y local para mantener una identidad de marca coherente mientras se adapta a las preferencias locales.
Casos de Éxito y Fracaso	- Éxito: Starbucks en China adaptando bebidas para incluir opciones populares como tés locales.
	- Fracaso: Walmart en Alemania por no ajustarse a las preferencias locales de productos frescos y servicio personalizado.
	- Lecciones: Importancia de comprender profundamente las expectativas del consumidor local antes de ingresar al mercado.
Desafíos y Oportunidades	- Desafíos: Encontrar equilibrio entre estandarización y adaptación, y mantener coherencia de marca global.
	- Oportunidades: Ganar confianza y lealtad local, abrir nuevas vías de crecimiento y fomentar la innovación a través de la adaptación cultural.
Conclusiones	- La adaptación cultural es clave para crear conexiones significativas con los consumidores globales.
	- Ejemplos ilustrativos subrayan la importancia de la investigación de mercado y la sensibilidad cultural en estrategias de marketing global.

Tabla resumen. Fuente: elaboración propia

5. MARKETING DIGITAL EN EL ÁMBITO GLOBAL

El marketing digital se ha convertido en una herramienta esencial para empresas de todo el mundo que buscan expandir su alcance y conectar con audiencias globales. En un mercado tan interconectado como el actual, es crucial comprender las estrategias de optimización para motores de búsqueda (SEO) y marketing en motores de búsqueda (SEM) desde una perspectiva internacional. Estas estrategias no solo ayudan a aumentar la visibilidad en línea, sino que también permiten a las empresas adaptarse a las preferencias y comportamientos específicos de los consumidores en diferentes regiones. En este contexto, explorar las tácticas y mejores prácticas para el SEO y SEM a nivel global es fundamental para cualquier negocio que aspire a tener éxito en el escenario internacional.

Para empezar, es importante entender la diferencia entre SEO y SEM. El SEO se refiere a las prácticas que mejoran la visibilidad de un sitio web en los resultados orgánicos de los motores de búsqueda. Esto incluye la optimización de contenido, la mejora de la estructura del sitio y la obtención de enlaces de calidad desde otros sitios web. Por otro lado, el SEM involucra estrategias de publicidad pagada para aparecer en los resultados de los motores de búsqueda. Esto incluye campañas de pago por clic (PPC), anuncios de display y otros formatos publicitarios que requieren inversión financiera directa. Ambas estrategias son complementarias y, cuando se implementan de manera efectiva, pueden generar un impacto significativo en la presencia en línea de una empresa.

Estrategias de SEO Internacional

El SEO internacional implica la optimización de un sitio web para atraer tráfico orgánico de múltiples países y regiones. Esta tarea puede parecer abrumadora debido a la diversidad de idiomas, culturas y comportamientos de búsqueda. Sin embargo, hay varias estrategias clave que pueden facilitar este proceso y ayudar a las empresas a alcanzar sus objetivos globales.

Investigación de Palabras Clave Multilingües

La base de cualquier estrategia de SEO es la investigación de palabras clave. En el contexto internacional, esto implica identificar las palabras y frases que las personas usan en diferentes idiomas y regiones para buscar productos o servicios similares. Es crucial no simplemente traducir las palabras clave del idioma original al nuevo idioma, sino también considerar las variaciones locales y las diferencias culturales en la forma en que las personas buscan en línea. Herramientas como Google Keyword Planner, Ahrefs y SEMrush pueden ser útiles para llevar a cabo esta investigación a nivel multilingüe.

Optimización de Contenido para Diversos Idiomas y Regiones

Una vez que se han identificado las palabras clave adecuadas, el siguiente paso es crear y optimizar contenido en los idiomas y para las regiones objetivo. Esto incluye no solo la traducción del contenido existente, sino también la localización, que implica adaptar el contenido para que sea culturalmente relevante y atractivo para la audiencia local. La localización puede incluir la modificación de ejemplos, referencias y estilos de comunicación para que resuenen mejor con el público objetivo.

Uso de Etiquetas Hreflang

Las etiquetas hreflang son una herramienta crucial para el SEO internacional, ya que permiten a los motores de búsqueda entender qué versión de una página web mostrar a los usuarios según su idioma y región. Implementar correctamente las etiquetas hreflang asegura que los usuarios sean dirigidos a la versión más relevante de su sitio web, mejorando así la experiencia del usuario y reduciendo la tasa de rebote.

Construcción de Enlaces Internacionales

La construcción de enlaces sigue siendo un pilar importante del SEO, y esto también se aplica a las estrategias internacionales. Es esencial obtener enlaces de sitios web locales y relevantes en los mercados objetivo, ya que esto no solo mejora la autoridad de su sitio en esos mercados, sino que también puede aumentar significativamente el tráfico orgánico. Colaborar con blogs locales, medios de comunicación y otras entidades relevantes puede ser una estrategia efectiva para construir una red sólida de enlaces internacionales.

Estrategias de SEM Internacional

El SEM internacional, por su parte, requiere una planificación cuidadosa y una comprensión profunda de los mercados objetivo. Las campañas de publicidad pagada deben ser diseñadas teniendo en cuenta las particularidades de cada región para maximizar su efectividad.

Antes de lanzar una campaña de SEM en un nuevo mercado, es fundamental realizar una investigación exhaustiva del mercado y de la competencia. Esto incluye analizar los hábitos de consumo locales, las preferencias de los usuarios y el comportamiento de la competencia. Conocer quiénes son sus principales competidores en cada mercado y cómo están posicionados le permitirá ajustar sus estrategias para competir de manera más efectiva.

La adaptación de anuncios y creatividades es esencial para resonar con audiencias diversas. No solo se trata de traducir los anuncios, sino de adaptarlos para que sean culturalmente relevantes. Esto puede implicar cambiar imágenes, mensajes y llamadas a la acción para que se alineen mejor con las expectativas y preferencias locales. Además, es importante tener en cuenta las diferentes normativas publicitarias que pueden existir en cada país.

La segmentación y personalización son claves para el éxito del SEM internacional. Utilizar las opciones de segmentación disponibles en plataformas publicitarias como Google Ads y Facebook Ads permite dirigir los anuncios a las audiencias más relevantes. La segmentación puede basarse en criterios como la ubicación geográfica, el idioma, los intereses y el comportamiento de navegación. Además, personalizar los anuncios para diferentes segmentos de audiencia puede aumentar significativamente la relevancia y efectividad de sus campañas.

Gestión de Presupuesto y Bidding

Gestionar el presupuesto de manera efectiva es crucial para cualquier campaña de SEM, y esto se vuelve aún más importante en el contexto internacional. Los costos por clic (CPC) pueden variar significativamente entre diferentes países y regiones, por lo que es vital ajustar las estrategias de bidding (pujas) para maximizar el retorno de la inversión. Utilizar estrategias de bidding automáticas, como el CPA objetivo (costo por adquisición) o el ROAS objetivo (retorno sobre el gasto publicitario), puede ayudar a optimizar el rendimiento de sus campañas.

Herramientas y Tecnologías para el SEO y SEM Internacional

Existen numerosas herramientas y tecnologías que pueden facilitar la implementación de estrategias de SEO y SEM internacionales. Estas herramientas no solo ayudan a realizar investigaciones y análisis más efectivos, sino que también permiten la automatización y optimización continua de las campañas.

Herramientas de SEO Internacional

1. Google Search Console y Google Analytics: Estas herramientas proporcionan datos valiosos sobre el rendimiento de su sitio web y las campañas de SEO en diferentes regiones y países. Permiten monitorear el tráfico, identificar problemas técnicos y evaluar la efectividad de las estrategias de SEO.

2. Ahrefs y SEMrush: Estas plataformas ofrecen funcionalidades avanzadas para la investigación de palabras clave, análisis de la competencia y seguimiento de rankings en diferentes países. También pueden ayudar en la construcción de enlaces y en la auditoría del sitio web.

3. DeepL y otras herramientas de traducción: Aunque las traducciones automáticas no son perfectas, herramientas como DeepL pueden ser útiles para obtener una primera versión del contenido traducido, que luego puede ser refinada por hablantes nativos o profesionales de la localización.

Herramientas de SEM Internacional

1. Google Ads y Bing Ads: Estas plataformas ofrecen opciones avanzadas de segmentación geográfica y de idioma, permitiendo a los anunciantes dirigir sus campañas a audiencias específicas en diferentes regiones. También proporcionan herramientas de automatización y optimización de pujas.

2. Facebook Ads y otras plataformas de redes sociales: Las redes sociales son una herramienta poderosa para el SEM internacional, ya que permiten una segmentación detallada basada en datos demográficos, intereses y comportamientos. Además, ofrecen opciones para crear anuncios dinámicos y personalizados.

3. Localizadores de mercado: Herramientas como SimilarWeb y App Annie pueden proporcionar información valiosa sobre el comportamiento del mercado y la competencia en diferentes regiones, ayudando a ajustar las estrategias de SEM de manera más efectiva.

Retos y Consideraciones del SEO y SEM Internacional

Implementar estrategias de SEO y SEM a nivel internacional presenta varios desafíos que deben ser abordados para asegurar el éxito. Estos incluyen las barreras lingüísticas y culturales, las diferencias en la infraestructura tecnológica y las normativas legales y de privacidad en diferentes países.

Las diferencias lingüísticas y culturales pueden ser un obstáculo significativo en el marketing digital internacional. Es fundamental comprender y respetar las particularidades culturales de cada mercado para evitar malentendidos y asegurarse de que el mensaje de marketing sea bien recibido. Trabajar con expertos locales y realizar pruebas de usabilidad y aceptación cultural puede ayudar a superar estos desafíos.

La infraestructura tecnológica varía significativamente entre diferentes países y regiones. Factores como la velocidad de internet, la penetración de dispositivos móviles y las preferencias de los usuarios por ciertos navegadores o motores de búsqueda deben ser considerados al desarrollar y optimizar estrategias de SEO y SEM. Por ejemplo, en algunos países, los usuarios pueden preferir motores de búsqueda locales como Baidu en China o Yandex en Rusia, en lugar de Google.

Cada país tiene sus propias leyes y regulaciones en materia de publicidad, privacidad y protección de datos. Es crucial estar al tanto de estas normativas para asegurar el cumplimiento y evitar sanciones. La implementación de políticas de privacidad claras y el manejo adecuado de los datos de los usuarios son aspectos esenciales del marketing digital internacional.

El marketing digital en el ámbito global, particularmente a través de estrategias de SEO y SEM, ofrece enormes oportunidades para las empresas que buscan expandir su alcance y conectarse con audiencias diversas en todo el mundo. Sin embargo, también presenta desafíos únicos que requieren una planificación cuidadosa y una ejecución precisa. La investigación de mercado, la adaptación cultural, el uso de tecnologías avanzadas y el cumplimiento de normativas legales son factores críticos que deben ser considerados para lograr el

En un mundo cada vez más interconectado, el uso de las redes sociales se ha convertido en una parte fundamental de cualquier estrategia de marketing digital. Sin embargo, una pregunta desafiante que enfrentan muchas empresas es: ¿cómo pueden las marcas aprovechar al máximo estas plataformas en diferentes regiones del mundo? La respuesta no es sencilla, ya que el uso de redes sociales varía significativamente según la región, influenciado por factores culturales, económicos y tecnológicos. En este contexto, explorar ejemplos concretos y las herramientas digitales que pueden ayudar a alcanzar el éxito global se vuelve esencial para cualquier empresa que aspire a una presencia internacional efectiva.

Uso de Redes Sociales en Diferentes Regiones

Las redes sociales no son una entidad homogénea; su uso y popularidad varían ampliamente en diferentes partes del mundo. Esta variación plantea una serie de preguntas importantes para las empresas que desean conectar con audiencias globales.

Para comenzar, es crucial identificar qué plataformas de redes sociales son más populares en cada región. Por ejemplo, mientras que Facebook e Instagram dominan en muchas partes del mundo occidental, en China, plataformas como WeChat y Weibo son las más influyentes. En Rusia, VKontakte (VK) es una plataforma líder, mientras que en Japón, Twitter y LINE son particularmente populares. Esta diversidad plantea la pregunta: ¿cómo puede una marca elegir la plataforma adecuada para su público objetivo en cada región?

Tomemos como ejemplo a una empresa de moda que busca expandirse a Asia. Para llegar a un público chino, tendría más sentido enfocarse en WeChat, una plataforma que no solo permite la interacción social sino también transacciones de comercio electrónico directamente en la aplicación. En Japón, la misma empresa podría centrar sus esfuerzos en Twitter, donde los usuarios japoneses son particularmente activos y donde los mensajes cortos y concisos son bien recibidos.

La adaptación cultural es otro aspecto crucial. ¿Cómo pueden las empresas adaptar su contenido para resonar con las audiencias locales? No se trata solo de traducir el contenido, sino de comprender y respetar las sensibilidades culturales, las festividades locales y las normas de comunicación. Un ejemplo claro es el caso de Coca-Cola, que adapta sus campañas publicitarias a las festividades locales en diferentes países, como el Año Nuevo Chino o el Diwali en India, creando contenido específico que celebra estas ocasiones y conecta emocionalmente con los consumidores locales.

¿Qué Estrategias de Engagement Funcionan Mejor?

El engagement, o la interacción con los seguidores, también varía según la región. En Occidente, los usuarios pueden esperar respuestas rápidas y personalizadas a sus comentarios y mensajes directos. Sin embargo, en algunas culturas asiáticas, la formalidad y el respeto son fundamentales, lo que significa que las respuestas deben ser más formales y cuidadosamente redactadas. Por ejemplo, el enfoque de servicio al cliente de marcas como Samsung en Corea del Sur es conocido por su formalidad y atención al detalle, lo que refleja la cultura local de respeto y minuciosidad.

Herramientas Digitales para el Éxito Global

Para gestionar eficazmente las estrategias de redes sociales y marketing digital a nivel global, las empresas necesitan utilizar una variedad de herramientas digitales. Estas herramientas no solo facilitan la gestión y análisis de las campañas, sino que también ayudan a personalizar y adaptar las estrategias a las necesidades de cada mercado.

Herramientas de Gestión de Redes Sociales

1. Hootsuite: Esta plataforma permite gestionar múltiples cuentas de redes sociales desde un único panel de control. Es particularmente útil para empresas con presencia en varias regiones, ya que permite programar publicaciones en diferentes husos horarios y analizar el rendimiento de las campañas en diversas plataformas.

2. Sprout Social: Similar a Hootsuite, Sprout Social ofrece funcionalidades avanzadas de gestión y análisis de redes sociales. Una de sus características destacadas es la capacidad de generar informes detallados sobre el engagement y el rendimiento, segmentados por región, lo que permite ajustar las estrategias según los datos locales.

Herramientas de Análisis de Datos

1. Google Analytics: Aunque es una herramienta más conocida por el análisis de sitios web, Google Analytics también puede ser crucial para el análisis de tráfico y comportamiento en redes sociales. Permite a las empresas ver de dónde provienen sus visitantes, cómo interactúan con el contenido y qué plataformas de redes sociales están generando más tráfico.

2. Socialbakers: Esta herramienta proporciona análisis detallados y comparaciones de rendimiento en diferentes plataformas de redes sociales. Socialbakers permite a las empresas identificar qué contenido resuena mejor en cada mercado y ajustar sus estrategias en consecuencia.

Herramientas de Localización de Contenido

1. Transifex: Para las empresas que necesitan traducir y localizar grandes volúmenes de contenido, Transifex ofrece una solución eficaz. Esta plataforma facilita la gestión de traducciones y permite a las empresas asegurarse de que su contenido esté adaptado culturalmente para cada mercado objetivo.

2. Smartling: Similar a Transifex, Smartling es una plataforma de traducción y localización que ayuda a las empresas a adaptar su contenido para audiencias globales. Ofrece herramientas para la gestión de traducciones y la integración con otras plataformas digitales, lo que facilita la implementación de campañas localizadas.

Herramientas de Publicidad y Segmentación

1. Facebook Ads Manager: Para empresas que buscan realizar campañas publicitarias en Facebook e Instagram, esta herramienta ofrece opciones avanzadas de segmentación por ubicación, idioma, intereses y comportamientos. Permite crear anuncios altamente personalizados y dirigidos a audiencias específicas en diferentes regiones.

2. Google Ads: Google Ads es esencial para cualquier estrategia de SEM global. Ofrece capacidades de segmentación geográfica detallada, permitiendo a las empresas mostrar anuncios a usuarios en ubicaciones específicas y ajustar las pujas según el rendimiento en diferentes mercados.

Netflix es un excelente ejemplo de una empresa que ha logrado un éxito global significativo mediante la adaptación de sus estrategias de redes sociales y marketing digital a diferentes regiones. En cada país donde opera, Netflix adapta su contenido para reflejar las preferencias locales. Por ejemplo, en India, Netflix ha producido y promocionado una serie de contenido original en hindi y otros idiomas regionales. Utilizan plataformas como YouTube y Instagram para lanzar trailers y promociones que son culturalmente relevantes y atractivas para la audiencia local.

Starbucks también ha implementado estrategias efectivas de redes sociales a nivel global. En China, la marca utiliza WeChat no solo para marketing sino también para permitir a los clientes ordenar y pagar por sus bebidas a través de la plataforma. Esto no solo mejora la conveniencia para los usuarios sino que también integra Starbucks en la rutina diaria de sus clientes chinos. En Japón, Starbucks utiliza Twitter para interactuar con los clientes y promover ediciones limitadas de productos que atraen a los consumidores japoneses, como las bebidas con temática de sakura (flor de cerezo) durante la primavera.

Una de las preguntas desafiantes es: ¿cómo pueden las empresas lidiar con las diferencias en la infraestructura digital entre regiones? En algunos países, el acceso a internet puede ser limitado o más lento, lo que afecta cómo los usuarios interactúan con el contenido en línea. Las empresas deben adaptar sus estrategias en consecuencia, optimizando su contenido para tiempos de carga rápidos y asegurándose de que las campañas sean accesibles en dispositivos de baja gama.

Otro desafío significativo son las normativas y regulaciones locales. ¿Cómo pueden las empresas asegurarse de cumplir con las leyes locales de privacidad y publicidad? Por ejemplo, el Reglamento General de Protección de Datos (GDPR) en Europa impone estrictas reglas sobre cómo las empresas deben manejar los datos de los usuarios. Las herramientas de gestión de consentimientos, como OneTrust, pueden ayudar a las empresas a cumplir con estas regulaciones, asegurando que obtengan el consentimiento adecuado de los usuarios antes de recopilar y utilizar sus datos.

Estrategias Futuras y Tendencias

Mirando hacia el futuro, ¿qué tendencias y estrategias pueden ayudar a las empresas a tener éxito en el marketing digital global? Una tendencia emergente es el uso de la inteligencia artificial (IA) y el aprendizaje automático para personalizar aún más las experiencias de los usuarios. Herramientas como ChatGPT pueden ayudar a las empresas a crear contenido más relevante y personalizado para diferentes audiencias, mejorando el engagement y la conversión.

Otra tendencia importante es el creciente uso de video y contenido en vivo. Plataformas como TikTok y Instagram Live están ganando popularidad en todo el mundo, ofreciendo a las empresas nuevas formas de interactuar con sus audiencias en tiempo real. Las empresas que pueden crear contenido de video atractivo y relevante tendrán una ventaja competitiva significativa.

El uso de redes sociales en diferentes regiones y la implementación de herramientas digitales para el éxito global presentan tanto oportunidades como desafíos para las empresas. Al entender las preferencias y comportamientos de los usuarios en diferentes mercados, y al utilizar las herramientas adecuadas para gestionar y analizar sus campañas, las empresas pueden crear estrategias de marketing digital que resuenen con audiencias globales. Adaptarse a las diferencias culturales, tecnológicas y regulatorias es crucial para asegurar el éxito en un mercado global cada vez más competitivo y dinámico.

6. GESTIÓN DEL VALOR EN MERCADOS GLOBALES

La gestión del valor en los mercados globales se ha convertido en una disciplina crucial para empresas de todos los tamaños. A medida que las organizaciones buscan expandir sus horizontes más allá de las fronteras nacionales, se enfrentan a la compleja tarea de definir y crear valor en diversos contextos culturales, económicos y regulatorios. Este desafío no solo requiere una comprensión profunda de los principios económicos, sino también una apreciación aguda de las particularidades locales que pueden influir en la percepción y realización del valor. En este artículo, exploraremos qué significa gestionar el valor en los mercados globales, cómo se define y crea valor en diferentes mercados y qué estrategias pueden emplear las empresas para tener éxito en este entorno dinámico y multifacético.

La definición de valor en un contexto global no es unívoca; varía significativamente según la región, el sector y la naturaleza del producto o servicio ofrecido. En términos generales, el valor puede ser visto desde dos perspectivas: el valor percibido por el cliente y el valor económico generado para la empresa. El valor percibido por el cliente se refiere a la medida en que un producto o servicio satisface las necesidades y expectativas del consumidor, mientras que el valor económico para la empresa se refiere a la rentabilidad y el retorno de la inversión. Sin embargo, la intersección de estas perspectivas es donde reside el verdadero desafío: crear un producto o servicio que no solo satisfaga a los clientes globalmente, sino que también sea rentable.

Para crear valor en mercados diversos, las empresas deben primero entender las expectativas y necesidades de los consumidores locales. Esto puede implicar investigaciones de mercado exhaustivas para descubrir diferencias culturales, preferencias de consumo, sensibilidades de precios y hábitos de compra. Por ejemplo, un producto exitoso en el mercado estadounidense podría necesitar modificaciones significativas para ser bien recibido en Asia o América Latina. Estos ajustes pueden ir desde cambios en el diseño y la funcionalidad del producto hasta adaptaciones en el embalaje, la distribución y la promoción. Un enfoque sensible y bien informado no solo ayuda a ganar aceptación en mercados locales, sino que también refuerza la percepción de la marca como global y adaptable.

Una estrategia clave para gestionar el valor en mercados globales es la diferenciación. Esto implica identificar y comunicar claramente lo que hace que el producto o servicio sea único y superior a las alternativas disponibles. En un mercado saturado, la diferenciación puede ser la clave para atraer y retener clientes. Las empresas pueden lograr esto a través de la innovación constante, ofreciendo características y beneficios que los competidores no pueden igualar, o mediante un servicio al cliente excepcional que mejore la experiencia del usuario. La diferenciación no solo debe centrarse en el producto en sí, sino también en la forma en que se entrega y se comunica al cliente.

Además de la diferenciación, la adaptación es crucial. Las empresas que tienen éxito en mercados globales suelen ser aquellas que pueden adaptar sus productos y estrategias de marketing a las necesidades locales. Esto puede implicar modificaciones en el producto para satisfacer los gustos locales, ajustar los precios para alinearse con el poder adquisitivo regional, y desarrollar campañas de marketing que resuenen con los valores y la cultura local. La adaptación puede ser un proceso complejo y costoso, pero es esencial para asegurar que el producto o servicio no solo sea aceptado, sino también valorado en cada mercado específico.

La innovación continua es otro pilar en la gestión del valor en mercados globales. Las empresas deben estar siempre en busca de nuevas formas de mejorar sus productos y servicios, y de crear valor añadido que atraiga a los clientes. Esto no solo implica mejoras tecnológicas, sino también innovaciones en el modelo de negocio, la cadena de suministro, y la experiencia del cliente. La innovación puede surgir de muchas fuentes, incluyendo la investigación y desarrollo internos, colaboraciones con otras empresas, y la retroalimentación directa de los clientes.

Un aspecto crítico de la gestión del valor en mercados globales es la comunicación efectiva. Las empresas deben ser capaces de comunicar el valor de sus productos y servicios de manera clara y convincente a una audiencia global. Esto implica no solo traducir el contenido a diferentes idiomas, sino también adaptar el mensaje para que resuene con los valores y expectativas de los consumidores locales. Las campañas de marketing deben ser culturalmente sensibles y relevantes, utilizando canales de comunicación que sean populares y efectivos en cada región.

La gestión de la cadena de suministro también juega un papel vital en la creación de valor en mercados globales. Una cadena de suministro eficiente y bien gestionada puede reducir costos, mejorar la calidad del producto, y acelerar el tiempo de comercialización. Las empresas deben trabajar estrechamente con proveedores y distribuidores para garantizar que los productos lleguen a los mercados de manera oportuna y a un costo razonable. Esto puede implicar la implementación de tecnologías avanzadas como el seguimiento en tiempo real y la automatización, así como la adopción de prácticas sostenibles que no solo mejoren la eficiencia operativa, sino que también refuercen la reputación de la empresa como responsable y ética.

El compromiso con la sostenibilidad es cada vez más importante en la gestión del valor en mercados globales. Los consumidores de todo el mundo están más conscientes y preocupados por el impacto ambiental y social de los productos que compran. Las empresas que demuestran un compromiso genuino con la sostenibilidad y la responsabilidad social pueden ganar una ventaja competitiva significativa. Esto puede implicar el uso de materiales sostenibles, la reducción de la huella de carbono, y la implementación de prácticas de comercio justo. Además, la transparencia en estas iniciativas es crucial; los consumidores quieren ver pruebas tangibles de que las empresas están actuando de manera responsable.

La capacidad de adaptación rápida es esencial en un entorno global dinámico. Los mercados pueden cambiar rápidamente debido a factores económicos, políticos o sociales, y las empresas deben estar preparadas para responder de manera ágil y eficaz. Esto puede implicar la reestructuración de operaciones, la modificación de estrategias de marketing, o incluso la reubicación de instalaciones de producción. La capacidad de adaptarse rápidamente a las condiciones cambiantes no solo ayuda a mitigar riesgos, sino que también puede presentar nuevas oportunidades de crecimiento y expansión.

La gestión del valor en mercados globales es un proceso complejo y multifacético que requiere una combinación de comprensión cultural, innovación constante, diferenciación efectiva, y adaptación ágil. Las empresas que pueden equilibrar estos elementos y ejecutar estrategias bien informadas y culturalmente sensibles tienen una mejor oportunidad de crear y mantener valor en un entorno global competitivo. Al final, la clave para el éxito reside en la capacidad de entender y satisfacer las diversas necesidades y expectativas de los consumidores globales, al tiempo que se mantiene una operación rentable y sostenible.

Estrategias de Precios y Percepción del Valor

La fijación de precios es uno de los aspectos más críticos y desafiantes en la gestión empresarial. En un mercado global cada vez más competitivo, las estrategias de precios adecuadas no solo determinan la rentabilidad de una empresa, sino que también influyen en la percepción del valor de sus productos o servicios por parte de los consumidores. ¿Cómo se puede encontrar el equilibrio entre precios que maximicen las ganancias y precios que los clientes consideren justos y atractivos? ¿Qué estrategias han demostrado ser efectivas en diferentes contextos y sectores? A continuación, exploraremos diversas estrategias de precios y analizaremos ejemplos concretos de empresas que han logrado maximizar el valor percibido a través de estas tácticas.

Una de las primeras preguntas desafiantes que las empresas deben enfrentar es: ¿cómo determinar el precio adecuado para un nuevo producto o servicio? Este desafío implica comprender tanto los costos internos como las expectativas del mercado. Las estrategias de fijación de precios pueden variar desde la penetración del mercado, donde se establece un precio bajo para ganar rápidamente cuota de mercado, hasta el skimming, donde se introduce el producto a un precio alto para atraer a los consumidores dispuestos a pagar más por ser los primeros en tenerlo. Ambas estrategias tienen sus méritos y desventajas. Por ejemplo, la estrategia de penetración puede ser efectiva en mercados altamente competitivos, pero podría erosionar las percepciones de calidad. Por otro lado, el skimming puede maximizar los ingresos iniciales, pero podría limitar la base de clientes potenciales.

Consideremos el caso de Apple Inc. Esta empresa ha utilizado históricamente una estrategia de skimming con sus productos insignia, como el iPhone. Al lanzar un nuevo modelo a un precio elevado, Apple no solo maximiza sus márgenes de beneficio en las primeras etapas del ciclo de vida del producto, sino que también establece una percepción de exclusividad y alta calidad. Esta estrategia ha permitido a Apple mantener su posicionamiento premium en el mercado de la tecnología, aunque no está exenta de riesgos. ¿Podría Apple mantener esta estrategia en un mercado donde la competencia de dispositivos más asequibles sigue creciendo?

Otra pregunta crítica es: ¿cómo afectan los precios a la percepción del valor? Los precios no son solo cifras; comunican mensajes sobre la calidad, la exclusividad y el posicionamiento del producto. Un precio demasiado bajo puede sugerir baja calidad o desesperación por vender, mientras que un precio demasiado alto puede alienar a posibles compradores. Aquí es donde entra en juego la estrategia de precios psicológicos. Un ejemplo clásico es la fijación de precios que terminan en .99 en lugar de números redondos. Este enfoque aprovecha la percepción de los consumidores de que un producto que cuesta $9.99 parece significativamente más barato que uno que cuesta $10.00, aunque la diferencia real es mínima.

Una empresa que ha sabido utilizar los precios psicológicos con gran éxito es Walmart. Con su enfoque de "precios siempre bajos", Walmart ha cultivado una percepción de valor y ahorro entre sus clientes, atrayendo a un segmento de consumidores que priorizan el costo sobre otros factores. La estrategia de precios de Walmart no solo ha impulsado su crecimiento en el mercado minorista, sino que también ha establecido un estándar difícil de igualar para sus competidores. Sin embargo, esta estrategia plantea una pregunta intrigante: ¿cómo puede Walmart mantener su margen de beneficio y seguir ofreciendo precios bajos en un entorno de costos crecientes?

Además de los precios psicológicos, otra estrategia importante es el precio basado en el valor. En lugar de fijar los precios en función de los costos o la competencia, las empresas que utilizan esta estrategia establecen precios basados en la percepción de valor del cliente. Un ejemplo notable de esta estrategia es Starbucks. Al vender café a precios significativamente más altos que muchos de sus competidores, Starbucks ha creado una experiencia de consumo que va más allá del producto en sí. La ambientación de sus tiendas, el servicio al cliente y la marca en general contribuyen a una percepción de valor que justifica sus precios premium.

Starbucks ha demostrado que los consumidores están dispuestos a pagar más por una experiencia que perciben como valiosa. Sin embargo, esto plantea otra pregunta desafiante: ¿cómo puede una empresa mantener una percepción de alto valor en un mercado saturado? La respuesta podría residir en la innovación continua y en la adaptación a las cambiantes preferencias de los consumidores. Por ejemplo, Starbucks ha ampliado su menú para incluir opciones de alimentos y bebidas saludables, y ha mejorado su programa de lealtad para ofrecer más valor a los clientes recurrentes. Estas iniciativas no solo ayudan a mantener la percepción de valor, sino que también fomentan la fidelidad del cliente en un mercado competitivo.

La segmentación de precios es otra estrategia eficaz para maximizar el valor. Esto implica ofrecer el mismo producto o servicio a diferentes precios para distintos segmentos del mercado, basándose en la disposición a pagar de cada segmento. Un ejemplo claro de esta estrategia es la industria de las aerolíneas. Las compañías aéreas venden asientos en la misma clase económica a diferentes precios, dependiendo de factores como el momento de la compra y la flexibilidad del billete. Esta segmentación permite a las aerolíneas maximizar sus ingresos al capturar tanto a los consumidores sensibles al precio como a aquellos dispuestos a pagar más por conveniencia o flexibilidad.

Southwest Airlines, por ejemplo, ha utilizado una estrategia de segmentación de precios muy efectiva. A través de su modelo de negocio de bajo costo y su estructura de precios simplificada, Southwest ha atraído a un amplio segmento de consumidores preocupados por el precio, sin dejar de captar a aquellos que valoran la flexibilidad de cambiar sus reservas sin penalización. Esta estrategia ha permitido a Southwest mantenerse rentable y competitiva en una industria notoriamente volátil. Pero esto nos lleva a una pregunta clave: ¿cómo pueden las aerolíneas seguir segmentando eficazmente sus precios en un mercado donde los consumidores tienen acceso a comparaciones de precios en tiempo real?

La estrategia de precios dinámicos también merece atención. Esta estrategia implica ajustar los precios en tiempo real en respuesta a la demanda del mercado, la competencia y otros factores externos. Amazon es un ejemplo destacado de una empresa que utiliza precios dinámicos. La plataforma ajusta continuamente los precios de sus productos en función de una amplia gama de datos, incluyendo la demanda del cliente, los precios de los competidores y el inventario disponible. Esta capacidad para adaptar rápidamente los precios permite a Amazon maximizar sus ingresos y mantenerse competitivo en el dinámico mercado del comercio electrónico.

Sin embargo, la estrategia de precios dinámicos plantea su propio conjunto de preguntas desafiantes. ¿Cómo pueden las empresas garantizar la transparencia y la equidad en sus prácticas de precios dinámicos? La percepción de injusticia en los precios puede alienar a los clientes y dañar la reputación de la empresa. Amazon ha abordado este desafío mediante el uso de algoritmos sofisticados y la transparencia en sus políticas de precios, asegurando que los ajustes sean consistentes y justificables. Pero, a medida que más empresas adoptan precios dinámicos, la presión para mantener la confianza del consumidor se intensifica.

Además de las estrategias mencionadas, la fijación de precios premium es una táctica que algunas empresas utilizan para establecer una percepción de alta calidad y exclusividad. Esto es común en industrias de lujo y tecnología avanzada. Tesla, por ejemplo, ha utilizado la fijación de precios premium para sus vehículos eléctricos. A pesar de ser más caros que muchos coches tradicionales, los productos de Tesla son percibidos como innovadores, sostenibles y de alta tecnología. Esta percepción ha permitido a Tesla capturar una cuota de mercado significativa y construir una marca fuerte.

No obstante, la fijación de precios premium también trae consigo preguntas importantes: ¿cómo pueden las empresas justificar precios elevados en un mercado cada vez más competitivo y consciente del costo? Tesla ha respondido a esta pregunta mediante la inversión en innovación continua y la creación de una sólida red de carga y servicios, mejorando así la propuesta de valor para sus clientes. A medida que la competencia en el mercado de vehículos eléctricos se intensifica, Tesla deberá seguir innovando y fortaleciendo su oferta para mantener su posición de liderazgo.

Finalmente, vale la pena mencionar la estrategia de precios freemium, popular en la industria del software y los servicios digitales. Esta estrategia ofrece una versión básica del producto de forma gratuita, mientras que las características avanzadas están disponibles a través de una suscripción de pago. Un ejemplo exitoso de esta estrategia es Spotify. La versión gratuita de Spotify permite a los usuarios escuchar música con anuncios, mientras que la versión premium elimina los anuncios y añade funcionalidades adicionales, como la posibilidad de descargar música para escuchar sin conexión.

Spotify ha logrado convertir una gran base de usuarios gratuitos en suscriptores pagos mediante la creación de una propuesta de valor clara y convincente para su servicio premium. Pero esto plantea una pregunta intrigante: ¿cómo pueden las empresas equilibrar la oferta de valor entre las versiones gratuitas y de pago para maximizar la conversión sin alienar a los usuarios gratuitos? Spotify ha abordado este desafío mediante la optimización continua de su plataforma y la adición de nuevas características que incentivan la suscripción premium, sin dejar de ofrecer una experiencia de alta calidad para los usuarios gratuitos.

La fijación de precios es una herramienta poderosa que puede influir significativamente en la percepción del valor de un producto o servicio. Las empresas que han maximizado el valor a través de estrategias de precios inteligentes, como Apple, Walmart, Starbucks, Southwest Airlines, Amazon, Tesla y Spotify, han demostrado que no existe una solución única para todos. Cada empresa debe considerar su mercado específico, sus objetivos y sus recursos para desarrollar una estrategia de precios que no solo sea competitiva, sino que también comunique el valor adecuado a sus clientes. En última instancia, el éxito en

La gestión de precios requiere una combinación de comprensión profunda del mercado, flexibilidad para adaptarse a las condiciones cambiantes y un enfoque constante en la creación de valor para el cliente.

Estrategias de Precios y Percepción del Valor: Casos de Simulación

Las estrategias de precios son esenciales para el éxito de cualquier empresa, influyendo directamente en la percepción del valor por parte de los consumidores y en la rentabilidad. Para comprender mejor cómo estas estrategias pueden ser aplicadas en diferentes contextos, consideremos tres casos de simulación que abarcan diversas industrias y desafíos.

Caso 1: Lanza de Productos de Lujo en el Mercado de la Moda

Escenario:

Una empresa ficticia llamada "Elegance Couture" se especializa en ropa y accesorios de lujo. Está lista para lanzar una nueva línea de bolsos de alta gama y enfrenta la decisión crítica de cómo fijar los precios para maximizar tanto la percepción de valor como las ganancias.

Estrategias de Precios Consideradas:

1. Precio Premium: Fijar un precio elevado para reflejar la exclusividad y alta calidad del producto.

2. Precio de Penetración: Establecer un precio más bajo para atraer rápidamente una base de clientes y aumentar la cuota de mercado.

3. Precios Dinámicos: Ajustar los precios en tiempo real basado en la demanda y la competencia.

Simulación:

Elegance Couture decide implementar una estrategia de precio premium, lanzando los bolsos a $1,500 cada uno. Esta decisión se basa en su deseo de mantener una imagen de marca de lujo y atraer a un segmento de clientes dispuestos a pagar más por exclusividad.

Durante el primer trimestre, la empresa observa que las ventas son moderadas pero estables, con una clientela fiel que aprecia la exclusividad del producto. Sin embargo, la competencia en el mercado de lujo es feroz, y algunos clientes potenciales perciben los precios como excesivos en comparación con alternativas similares.

Acciones Tomadas:

Elegance Couture decide complementar su estrategia de precio premium con precios dinámicos durante eventos especiales y temporadas de vacaciones, ofreciendo descuentos exclusivos a clientes selectos. Además, lanza campañas de marketing que resaltan la artesanía y la calidad única de sus bolsos, reforzando la percepción de valor.

Resultados:

La combinación de un precio premium con precios dinámicos y una campaña de marketing efectiva resulta en un aumento significativo en las ventas y en la percepción de valor de la marca. La empresa logra mantener su imagen de lujo mientras atrae a un mayor número de clientes durante períodos de alta demanda.

Caso 2: Expansión Internacional de una Plataforma de Streaming

Escenario:

Una plataforma de streaming de música llamada "MelodyFlow" planea expandirse a mercados internacionales, incluyendo Asia y América Latina. La empresa debe determinar una estrategia de precios que se adapte a las diferentes economías y preferencias culturales de estos nuevos mercados.

Estrategias de Precios Consideradas:

1. Precio Freemium: Ofrecer una versión básica gratuita con anuncios y una versión premium sin anuncios a un precio mensual.

2. Segmentación de Precios: Ajustar los precios según el poder adquisitivo y las preferencias locales en cada mercado.

3. Precio Basado en el Valor: Fijar precios que reflejen el valor percibido por los consumidores en cada región.

Simulación:

MelodyFlow opta por una estrategia de precio freemium combinada con segmentación de precios. En Asia, la versión premium se ofrece a $3.99 al mes, mientras que en América Latina, el precio se fija en $4.99 al mes. La versión gratuita está disponible en ambos mercados con anuncios y funcionalidades limitadas.

En el primer semestre, la empresa observa un crecimiento rápido en la base de usuarios gratuitos, especialmente en Asia. Sin embargo, la tasa de conversión a la versión premium es más baja de lo esperado, particularmente en América Latina, donde los consumidores muestran una mayor sensibilidad al precio.

Acciones Tomadas:

MelodyFlow decide realizar una investigación de mercado más profunda para entender mejor las expectativas y necesidades de los consumidores locales. Basado en los resultados, la empresa introduce planes de suscripción familiares y estudiantiles a precios reducidos, además de ofrecer periodos de prueba extendidos para la versión premium.

Resultados:

La tasa de conversión a la versión premium aumenta significativamente en ambos mercados. Los planes familiares y estudiantiles son especialmente populares en América Latina, donde los consumidores valoran la relación costo-beneficio. La percepción de valor de MelodyFlow mejora, y la empresa logra establecerse como un competidor fuerte en los nuevos mercados internacionales.

Caso 3: Innovación en el Mercado de Tecnología Doméstica

Escenario:

"SmartHome Tech", una empresa innovadora en dispositivos para el hogar inteligente, está a punto de lanzar un nuevo asistente de voz llamado "EchoVoice". El producto tiene características únicas, como la integración avanzada con dispositivos de terceros y una inteligencia artificial superior. La empresa debe decidir cómo fijar los precios para este nuevo producto en un mercado tecnológico saturado.

Estrategias de Precios Consideradas:

1. Precio de Skimming: Introducir el producto a un precio elevado para captar a los primeros adoptantes y luego reducir el precio gradualmente.

2. Precio Basado en el Valor: Fijar un precio que refleje el valor añadido y las características exclusivas del producto.

3. Precios Psicológicos: Utilizar precios que terminen en .99 para crear la percepción de una mejor oferta.

Simulación:

SmartHome Tech elige una estrategia de precio de skimming, lanzando EchoVoice a $299.99. Este precio refleja la innovación y calidad del producto, dirigido a consumidores dispuestos a pagar más por tecnología avanzada.

Durante los primeros meses, las ventas son altas entre los primeros adoptantes, quienes aprecian las características avanzadas de EchoVoice. Sin embargo, a medida que la novedad disminuye, las ventas comienzan a estabilizarse.

Acciones Tomadas:

Para mantener el impulso, SmartHome Tech decide introducir una estrategia de precio basado en el valor, reduciendo el precio a $249.99 y lanzando una versión "Lite" a $199.99, con características básicas. Además, la empresa implementa precios psicológicos, terminando ambos precios en .99 para mejorar la percepción de valor.

Resultados:

La reducción de precios y la introducción de una versión más accesible revitalizan las ventas. La percepción de EchoVoice como un producto de alta calidad y valor sigue siendo fuerte, mientras que la versión "Lite" atrae a un segmento más amplio de consumidores. La estrategia combinada permite a SmartHome Tech maximizar tanto la percepción de valor como la rentabilidad en un mercado competitivo.

Análisis Comparativo y Lecciones Aprendidas

Caso 1: Elegance Couture

- Estrategia: Precio premium con precios dinámicos.

- Resultados: Éxito en mantener la exclusividad y aumentar las ventas durante eventos especiales.

- Lección: La combinación de estrategias puede equilibrar la percepción de valor y la competitividad en mercados de lujo.

Caso 2: MelodyFlow

- Estrategia: Precio freemium con segmentación de precios.

- Resultados: Crecimiento en la base de usuarios y mejora en la conversión a premium mediante planes específicos.

- Lección: La adaptación a las necesidades locales y la oferta de opciones variadas son clave para la expansión internacional.

Caso 3: SmartHome Tech

- Estrategia: Precio de skimming seguido de precio basado en el valor y precios psicológicos.

- Resultados: Éxito inicial con adoptantes tempranos y aumento de ventas con versiones más accesibles.

- Lección: La estrategia de precios debe evolucionar con el ciclo de vida del producto para mantener el impulso y maximizar el valor.

Los casos de simulación presentados ilustran cómo diferentes estrategias de precios pueden influir en la percepción del valor y el éxito comercial en diversos contextos. Elegance Couture demostró la importancia de mantener la exclusividad mientras se aprovechan oportunidades de precios dinámicos. MelodyFlow resaltó la necesidad de adaptar las estrategias de precios a las particularidades de cada mercado regional, utilizando modelos freemium y segmentación de precios. SmartHome Tech mostró cómo una estrategia inicial de skimming, seguida por ajustes basados en el valor y precios psicológicos, puede maximizar tanto las ventas como la percepción de valor en un mercado tecnológico.

En todos estos casos, la clave para el éxito reside en una comprensión profunda del mercado, la flexibilidad para adaptar las estrategias según las necesidades cambiantes, y un enfoque constante en la creación de valor para el cliente. La fijación de precios no es una ciencia exacta, pero con un análisis cuidadoso y una implementación estratégica, las empresas pueden navegar el complejo paisaje del mercado global y maximizar tanto el valor percibido como su rentabilidad.

7. INNOVACIÓN Y TECNOLOGÍA EN EL MARKETING INTERNACIONAL

Innovación y Tecnología en el Marketing Internacional: Aplicación de la Inteligencia Artificial

En la era digital acelerada en la que vivimos, el marketing internacional se ha convertido en un campo fascinante donde convergen la creatividad humana y el potencial ilimitado de la tecnología. Uno de los avances más emocionantes que está transformando esta disciplina es la inteligencia artificial (IA). A medida que las empresas se expanden más allá de las fronteras tradicionales, la capacidad de la IA para analizar datos, predecir tendencias y personalizar experiencias está redefiniendo por completo las estrategias de marketing. En este artículo, exploraremos cómo la IA está siendo aplicada en el marketing internacional, analizaremos ejemplos concretos de su uso y reflexionaremos sobre el impacto futuro de esta tecnología innovadora.

¿Qué es la Inteligencia Artificial y por qué es relevante en el Marketing Internacional?

La Inteligencia Artificial se refiere a la capacidad de las máquinas para aprender de manera autónoma y realizar tareas que normalmente requerirían inteligencia humana. En el contexto del marketing internacional, esto significa que las empresas pueden utilizar algoritmos y modelos de IA para analizar grandes volúmenes de datos provenientes de diversas fuentes globales. Desde redes sociales hasta datos de transacciones en línea, la IA puede identificar patrones ocultos, segmentar audiencias con precisión y predecir comportamientos futuros del consumidor en mercados internacionales.

La relevancia de la IA en el marketing internacional radica en su capacidad para ofrecer insights profundos y personalización a escala global. Mientras que en el pasado las estrategias de marketing solían ser más generales y basadas en suposiciones, la IA permite una personalización precisa que resuena con las audiencias locales en diferentes partes del mundo. Esto no solo mejora la efectividad de las campañas, sino que también fortalece la relación entre la marca y el consumidor al mostrar un entendimiento genuino de sus necesidades y preferencias individuales.

Aplicaciones Prácticas de la Inteligencia Artificial en el Marketing Internacional

1. Análisis Predictivo para la Segmentación de Mercado

Una de las aplicaciones más poderosas de la IA en el marketing internacional es el análisis predictivo. Utilizando algoritmos de machine learning, las empresas pueden analizar datos históricos y en tiempo real para identificar segmentos de mercado específicos en diferentes regiones del mundo. Por ejemplo, una empresa de tecnología podría usar IA para determinar qué características de sus productos son más valoradas en Europa frente a Asia, adaptando así sus mensajes y estrategias de marketing de manera localizada.

2. Personalización de Contenidos y Recomendaciones

Otro uso significativo de la IA es la personalización de contenidos y recomendaciones. Plataformas como Netflix y Amazon han revolucionado la experiencia del usuario al utilizar IA para recomendar películas o productos basados en el historial de visualización o compras del usuario. En el contexto del marketing internacional, esta capacidad se amplifica al adaptar mensajes promocionales, ofertas especiales y contenido digital para satisfacer las preferencias culturales y lingüísticas de audiencias globales diversificadas.

3. Chatbots y Servicio al Cliente Multilingüe

Los chatbots impulsados por IA están transformando la manera en que las empresas interactúan con los clientes en todo el mundo. Estos asistentes virtuales pueden responder preguntas, resolver problemas y guiar a los usuarios a través del proceso de compra en múltiples idiomas y en cualquier zona horaria. Esta tecnología no solo mejora la eficiencia operativa, sino que también ofrece una experiencia de servicio al cliente más personalizada y receptiva, independientemente de la ubicación geográfica del cliente.

4. Optimización de Campañas Publicitarias Globales

La IA también está revolucionando la forma en que se diseñan y ejecutan las campañas publicitarias a nivel internacional. Plataformas como Google Ads y Facebook Ads utilizan IA para optimizar automáticamente la colocación de anuncios y el gasto publicitario en función de datos en tiempo real sobre el rendimiento de las campañas. Esto permite a las empresas maximizar el retorno de inversión (ROI) de sus esfuerzos de marketing global, adaptando constantemente la estrategia según las tendencias emergentes y el comportamiento del consumidor en diferentes mercados.

Ejemplos de empresas que Utilizan IA en su Estrategia de Marketing Internacional

Ejemplo 1: Coca-Cola

Coca-Cola ha adoptado la IA para mejorar su capacidad de personalización a nivel mundial. Utilizando algoritmos avanzados, la compañía analiza datos de consumo en tiempo real para ajustar sus campañas de marketing y promociones en mercados tan diversos como América Latina, Europa y Asia. Esto ha resultado en un aumento significativo de la efectividad de sus campañas, con mensajes que resuenan más profundamente con las audiencias locales.

Ejemplo 2: Amazon

Amazon es un líder en el uso de IA para la personalización de la experiencia del cliente. La plataforma adapta dinámicamente las recomendaciones de productos y los mensajes promocionales según la ubicación geográfica del usuario, el historial de compras y las tendencias de mercado locales. Esto ha permitido a Amazon no solo expandirse globalmente de manera efectiva, sino también fortalecer la fidelidad del cliente al ofrecer una experiencia de compra altamente personalizada y relevante.

Ejemplo 3: Airbnb

Airbnb utiliza IA para mejorar la precisión de sus recomendaciones de alojamientos en todo el mundo. La plataforma analiza datos sobre preferencias de los usuarios, patrones de viaje y tendencias de precios para sugerir opciones de hospedaje que se alineen mejor con las expectativas individuales de los viajeros internacionales. Esta personalización ha sido fundamental para el éxito de Airbnb en la expansión hacia nuevos mercados y la captación de una base de usuarios global diversificada.

A medida que la IA continúa evolucionando, el futuro del marketing internacional parece cada vez más prometedor y complejo. Se espera que los avances en machine learning y análisis de datos permitan a las empresas no solo comprender mejor a sus audiencias globales, sino también anticipar sus necesidades y deseos futuros de manera más precisa. Además, la IA podría jugar un papel crucial en la automatización de tareas repetitivas y en la mejora de la eficiencia operativa en mercados internacionales cada vez más competitivos.

Sin embargo, a medida que adoptamos estas tecnologías avanzadas, también surgen desafíos importantes en términos de ética y privacidad. Es fundamental que las empresas manejen los datos de manera responsable y transparente, garantizando que el uso de la IA en el marketing internacional no comprometa la confianza del consumidor ni viole las regulaciones de protección de datos en diferentes países.

La integración de la inteligencia artificial en el marketing internacional representa una oportunidad emocionante para las empresas que buscan expandirse globalmente y mejorar la conexión con sus audiencias en todo el mundo. Al aprovechar el poder de la IA para la personalización, la optimización y la predicción, las organizaciones pueden no solo mantenerse competitivas en un mercado global dinámico, sino también liderar el camino hacia nuevas fronteras de innovación y éxito empresarial.

Realidad Aumentada y Marketing Experiencial: Innovaciones Tecnológicas que Revolucionaron el Mercado

En el vertiginoso mundo del marketing contemporáneo, la Realidad Aumentada (RA) ha emergido como una tecnología disruptiva que transforma la manera en que las marcas interactúan con los consumidores. Al combinar elementos del mundo real con información digital superpuesta, la RA ofrece experiencias inmersivas y personalizadas que van más allá de los límites tradicionales del marketing. En este artículo, exploraremos cómo la RA está redefiniendo el marketing experiencial, discutiremos las innovaciones tecnológicas que respaldan esta revolución y examinaremos ejemplos concretos de su impacto en diversas industrias.

¿Qué es la Realidad Aumentada y por qué es relevante en el Marketing Experiencial?

La Realidad Aumentada se refiere a la tecnología que superpone información digital (como imágenes, videos o elementos 3D) sobre el mundo real, visto a través de dispositivos como smartphones, tabletas o gafas especiales. A diferencia de la Realidad Virtual, que crea un entorno completamente nuevo, la RA mejora la realidad existente al agregar capas interactivas que pueden ser manipuladas y exploradas por los usuarios.

En el contexto del marketing experiencial, la relevancia de la RA radica en su capacidad para crear experiencias inmersivas y personalizadas que capturan la atención del consumidor de manera única y memorable. Desde pruebas virtuales de productos hasta juegos interactivos y demostraciones en tiempo real, la RA permite a las marcas conectar emocionalmente con los consumidores y diferenciarse en un mercado saturado de estímulos publicitarios tradicionales.

Innovaciones Tecnológicas que Han Revolucionado el Mercado

1. Desarrollo de Aplicaciones Móviles de Realidad Aumentada

Una de las innovaciones clave que ha impulsado la adopción de la RA en el marketing es el desarrollo de aplicaciones móviles accesibles para consumidores. Plataformas como ARKit de Apple y ARCore de Google han simplificado la creación de experiencias de RA en dispositivos móviles, permitiendo a las marcas desarrollar fácilmente aplicaciones interactivas que pueden ser utilizadas por millones de usuarios en todo el mundo.

2. Mejoras en la Precisión y Velocidad de Procesamiento

Avances significativos en la tecnología de procesamiento de imágenes y sensores han mejorado la precisión y la velocidad con la que la RA puede superponer elementos digitales en el mundo real. Esto es crucial para garantizar una experiencia fluida y realista para los usuarios, lo que aumenta la efectividad de las campañas de marketing basadas en RA y mejora la percepción de la marca por parte de los consumidores.

3. Integración de la Realidad Aumentada en Plataformas Sociales y de Comercio Electrónico

La integración de la RA en plataformas sociales populares como Instagram y Snapchat, así como en sitios de comercio electrónico como Shopify y Amazon, ha ampliado enormemente el alcance y la accesibilidad de estas experiencias. Ahora, los consumidores pueden interactuar con productos y servicios mediante filtros de RA, demostraciones virtuales y visualizaciones 3D directamente desde sus dispositivos móviles, lo que aumenta la probabilidad de conversión y mejora la satisfacción del cliente.

Aplicaciones Prácticas de la Realidad Aumentada en el Marketing Experiencial

1. Pruebas Virtuales de Productos

Las pruebas virtuales de productos han revolucionado las industrias de la moda, el maquillaje, el mobiliario y más. Marcas como IKEA permiten a los usuarios ver cómo se verá un mueble en su hogar utilizando la RA para superponer modelos 3D en tiempo real sobre el entorno físico del usuario. Esto no solo aumenta la confianza del consumidor al tomar decisiones de compra, sino que también reduce las devoluciones y mejora la experiencia de usuario.

Sephora Virtual Artist

Sephora, la conocida cadena de tiendas de cosméticos, ha implementado la aplicación Sephora Virtual Artist que utiliza RA para permitir a los usuarios probar diferentes tonos de maquillaje y productos de belleza de manera virtual. Los clientes pueden ver cómo lucirían diferentes productos en su piel utilizando la cámara de sus smartphones, lo que les ayuda a tomar decisiones informadas de compra y fortalece la lealtad a la marca.

2. Activaciones de Marca y Eventos Interactivos

Las activaciones de marca que utilizan RA crean experiencias inmersivas y memorables en eventos corporativos, ferias comerciales y lanzamientos de productos. Las marcas pueden ofrecer juegos interactivos, demostraciones en vivo y contenido educativo utilizando tecnología de RA para involucrar a los asistentes de manera única y fortalecer la conexión emocional con la marca.

Coca-Cola y la Activación en RA

Coca-Cola ha utilizado la RA en eventos como festivales de música y ferias para crear experiencias interactivas y compartir la felicidad con los asistentes. Mediante la superposición de elementos digitales sobre las latas y botellas de Coca-Cola, la marca ha permitido a los usuarios interactuar con personajes animados y participar en juegos virtuales que refuerzan los valores de la marca y generan un mayor compromiso emocional.

3. Educación y Entrenamiento Interactivo

La RA también ha encontrado aplicaciones en la educación y el entrenamiento, permitiendo a las empresas y organizaciones crear simulaciones interactivas y prácticas virtuales. Desde entrenamientos de seguridad en el lugar de trabajo hasta visitas virtuales a museos y sitios históricos, la RA enriquece la experiencia de aprendizaje al combinar elementos visuales y multimedia con el mundo físico.

A medida que la tecnología de RA continúa evolucionando, el futuro del marketing experiencial parece prometedor y lleno de posibilidades. Se espera que los avances en hardware y software mejoren aún más la calidad y la accesibilidad de las experiencias de RA, permitiendo a las marcas crear campañas más sofisticadas y efectivas que generen un impacto duradero en los consumidores.

Sin embargo, el éxito de la RA en el marketing experiencial también dependerá de cómo las marcas manejen los desafíos relacionados con la privacidad de datos, la ética en la publicidad digital y la accesibilidad universal. Es fundamental que las empresas utilicen esta tecnología de manera responsable y transparente, garantizando que las experiencias de RA sean inclusivas y respetuosas con los derechos de los consumidores.

La Realidad Aumentada está transformando el marketing experiencial al ofrecer experiencias interactivas y personalizadas que no solo capturan la imaginación de los consumidores, sino que también impulsan la innovación y diferenciación en un mercado global competitivo. Al aprovechar el poder de la RA para crear conexiones emocionales y memorables con los consumidores, las marcas pueden posicionarse estratégicamente para el éxito a largo plazo, liderando el camino hacia nuevas fronteras de creatividad y compromiso en el mundo del marketing moderno.

Tema	Descripción del Problema	Soluciones Propuestas	Implementación	Evaluación de Resultados
Aplicación de la Inteligencia Artificial	Mejora de la personalización y eficacia de las campañas de marketing internacional.	Implementación de sistemas de IA para análisis predictivo y personalización de contenido. Desarrollo de algoritmos para segmentación de mercado global.	Integración de plataformas de IA en el proceso de marketing global. Capacitación del personal en el uso de herramientas de IA.	Medición del aumento en la efectividad de las campañas. Evaluación de la satisfacción y fidelización del cliente.
Realidad Aumentada y	Mejorar la interacción y	Desarrollo de aplicaciones de	Colaboración con desarrolladores	Seguimiento del aumento

Marketing Experiencial	conexión emocional con los consumidores mediante experiencias innovadoras.	RA para pruebas virtuales de productos. Creación de activaciones de marca interactivas en eventos con tecnología de RA.	para crear aplicaciones móviles de RA. Diseño y ejecución de campañas publicitarias que incorporen elementos de RA.	en la participación del consumidor. Análisis del impacto en las ventas y percepción de la marca.
Innovaciones Tecnológicas que Revolucionaron el Mercado	Mantener competitividad y relevancia en un mercado global cambiante y tecnológicamente avanzado.	Investigación y adopción de tecnologías disruptivas como IA y RA. Integración de herramientas tecnológicas en procesos comerciales existentes.	Formación del equipo en nuevas tecnologías y métodos de implementación. Asociaciones estratégicas con proveedores de tecnología.	Medición del aumento en la eficiencia operativa y reducción de costos. Análisis del crecimiento del mercado y participación de la marca.

Tabla: Diagramas de resolución. Fuente: Elaboración propia

8. LOGÍSTICA Y DISTRIBUCIÓN INTERNACIONAL

Desafíos Logísticos en el Comercio Internacional

El mundo de hoy está más conectado que nunca, con bienes y servicios fluyendo a través de las fronteras a velocidades vertiginosas. Este fenómeno no es casualidad; es el resultado de décadas de avances en tecnología, infraestructura y, por supuesto, logística. Sin embargo, detrás de la aparente fluidez de este comercio globalizado, se esconden una serie de desafíos logísticos que deben ser abordados con astucia y precisión para garantizar que los productos lleguen a tiempo y en condiciones óptimas a destinos de todo el mundo.

La Complejidad de la Cadena de Suministro Global

Imaginemos el viaje de un producto desde su fabricación hasta que llega a las manos del consumidor final al otro lado del mundo. Este viaje implica múltiples etapas interconectadas que conforman la cadena de suministro global. Desde la obtención de materias primas hasta la manufactura, almacenamiento, distribución y, finalmente, entrega al cliente, cada paso es crucial y susceptible a una multitud de obstáculos.

Infraestructura y Transporte

Uno de los primeros desafíos que enfrenta la logística internacional es la calidad y disponibilidad de la infraestructura de transporte. Carreteras, puertos, aeropuertos y vías férreas deben ser capaces de manejar grandes volúmenes de carga de manera eficiente. En muchos países en desarrollo, la infraestructura puede ser limitada o estar en mal estado, lo que ralentiza los tiempos de tránsito y aumenta los costos logísticos.

Las regulaciones aduaneras y los requisitos de importación y exportación varían significativamente de un país a otro. Cumplir con estas normativas es crucial para evitar retrasos en la liberación de la carga y posibles costos adicionales por almacenamiento o penalizaciones. La complejidad de los trámites aduaneros puede ser abrumadora, especialmente para las pequeñas y medianas empresas que no tienen los recursos para navegar eficazmente por estos procesos.

Gestión de Inventarios y Almacenamiento

Otro desafío clave en la logística internacional es la gestión de inventarios y el almacenamiento. Las empresas deben equilibrar cuidadosamente la cantidad de productos almacenados en diferentes ubicaciones para cumplir con la demanda del mercado sin incurrir en costos excesivos de almacenamiento. Además, factores como la seguridad de los productos, las condiciones ambientales y la rotación del inventario también deben ser considerados para garantizar la calidad y disponibilidad constante de los productos.

En el mundo moderno, la tecnología juega un papel crucial en la optimización de la cadena de suministro global. Sistemas avanzados de gestión de inventarios, software de planificación de recursos empresariales (ERP) y soluciones de seguimiento y trazabilidad permiten a las empresas monitorear y gestionar sus operaciones logísticas de manera más eficiente. Sin embargo, implementar estas tecnologías a menudo requiere inversiones significativas y capacitar al personal para su uso adecuado.

La sostenibilidad y la responsabilidad social corporativa están ganando cada vez más relevancia en el ámbito de la logística internacional. Las empresas enfrentan presiones tanto de los consumidores como de los reguladores para reducir su huella ambiental y garantizar prácticas éticas en toda su cadena de suministro. Esto implica adoptar medidas para minimizar el desperdicio, utilizar embalajes ecoamigables, optar por modos de transporte más sostenibles y asegurar condiciones de trabajo justas para los empleados en todas las etapas de la cadena.

La incertidumbre es una constante en el comercio internacional, agravada por eventos imprevisibles como desastres naturales, conflictos políticos, pandemias y fluctuaciones en los mercados globales. La capacidad de una empresa para gestionar estos riesgos y mantener la resiliencia operativa es crucial para mitigar cualquier impacto negativo en sus operaciones logísticas. Esto puede implicar la diversificación de proveedores, la implementación de planes de contingencia y la evaluación continua de los riesgos potenciales.

En un entorno tan dinámico y complejo como el comercio internacional, la colaboración entre empresas, proveedores, transportistas y autoridades aduaneras es fundamental. Las alianzas estratégicas pueden facilitar el acceso a nuevos mercados, optimizar rutas de transporte y compartir recursos para mejorar la eficiencia operativa. La creación de redes sólidas y la construcción de relaciones de confianza son esenciales para enfrentar los desafíos logísticos de manera efectiva y adaptarse rápidamente a los cambios en el entorno global.

El Papel de la Innovación y la Adaptabilidad

Finalmente, la capacidad de innovar y adaptarse constantemente a las nuevas realidades del comercio internacional es un factor determinante para el éxito en la logística global. Las empresas que invierten en investigación y desarrollo, que adoptan nuevas tecnologías y que están dispuestas a ajustar sus estrategias en función de las condiciones del mercado son las que están mejor posicionadas para prosperar en un entorno competitivo y en constante evolución.

Los desafíos logísticos en el comercio internacional son numerosos y complejos, pero no insuperables. Con una planificación cuidadosa, el uso estratégico de la tecnología, una gestión eficiente de riesgos y una colaboración efectiva, las empresas pueden mitigar los obstáculos y aprovechar las oportunidades que ofrece el mercado global. La capacidad de adaptarse a las nuevas realidades del comercio internacional será clave para el futuro éxito de las empresas en un mundo cada vez más interconectado y competitivo.

Estrategias Eficientes de Distribución y Casos de Éxito en la Gestión Logística Global

El mundo del comercio internacional está en constante evolución, impulsado por la necesidad de eficiencia, rapidez y satisfacción del cliente. En este contexto dinámico, las estrategias de distribución eficientes y los casos de éxito en la gestión logística global juegan un papel crucial. Exploraremos cómo las empresas enfrentan desafíos significativos y, mediante ejemplos concretos, descubriremos cómo algunas han logrado no solo superarlos, sino también destacarse en un mercado global competitivo.

Desafíos en la Distribución Global

1. Diversidad Geográfica y Cultura Logística

El primer desafío al que se enfrentan las empresas en la distribución global es la diversidad geográfica y cultural. ¿Cómo se pueden coordinar las operaciones logísticas eficientemente cuando se trabaja con diferentes zonas horarias, idiomas y normativas locales? Por ejemplo, una empresa con sede en Estados Unidos que desea distribuir sus productos en Europa debe considerar no solo las diferencias de idioma, sino también las normativas aduaneras y de transporte específicas de cada país miembro de la Unión Europea.

2. Optimización de Rutas y Modos de Transporte

Otro desafío clave es la optimización de las rutas y los modos de transporte. ¿Cuál es la combinación más eficiente de transporte aéreo, marítimo y terrestre para garantizar tiempos de entrega rápidos y costos competitivos? Un ejemplo notable es el caso de Amazon, que ha invertido considerablemente en logística y tecnología para desarrollar un sistema de distribución global que maximiza la eficiencia mediante algoritmos avanzados de optimización de rutas y centros de distribución estratégicamente ubicados.

3. Cumplimiento de Normativas y Aduanas

El cumplimiento de las normativas aduaneras y las regulaciones locales es otro desafío crucial. ¿Cómo pueden las empresas garantizar que sus productos atraviesen las fronteras sin problemas y cumplan con todos los requisitos legales? Un caso de estudio interesante es el de Nike, que ha implementado sistemas avanzados de gestión aduanera y cumplimiento para facilitar el comercio internacional de sus productos deportivos, asegurando al mismo tiempo el cumplimiento de todas las normativas locales en diferentes mercados.

Estrategias Eficientes de Distribución

1. Redes de Distribución Global Integradas

Una estrategia eficiente de distribución comienza con la integración de redes globales. ¿Cómo pueden las empresas construir una red logística que conecte de manera fluida proveedores, fabricantes, centros de distribución y puntos de venta en todo el mundo? Un ejemplo destacado es el de Walmart, que ha desarrollado una red logística global altamente integrada que le permite mover productos desde múltiples ubicaciones de fabricación hasta tiendas en más de 25 países, optimizando costos y tiempos de entrega.

2. Tecnología Avanzada y Automatización

La tecnología desempeña un papel crucial en la optimización de la distribución global. ¿Cómo pueden las empresas utilizar sistemas de gestión de almacenes automatizados, IoT (Internet of Things) y análisis predictivo para mejorar la visibilidad y el control sobre sus cadenas de suministro? Un ejemplo notable es el de Zara, que utiliza tecnología RFID (Identificación por Radiofrecuencia) para rastrear sus productos desde la fabricación hasta las tiendas, optimizando así el inventario y reduciendo los costos de almacenamiento.

3. Colaboración Estratégica y Alianzas Globales

La colaboración estratégica y las alianzas globales son fundamentales para una distribución eficiente. ¿Cómo pueden las empresas asociarse con proveedores de servicios logísticos, transportistas y empresas de tecnología para mejorar la flexibilidad y la capacidad de respuesta de su cadena de suministro global? Un ejemplo inspirador es el de Apple, que ha establecido alianzas estratégicas con compañías de logística y transporte para garantizar la entrega puntual de sus productos electrónicos a clientes en todo el mundo, manteniendo al mismo tiempo altos estándares de calidad y servicio.

Casos de Éxito en la Gestión Logística Global

1. Coca-Cola: Optimización de la Cadena de Suministro

Coca-Cola es un excelente ejemplo de cómo una empresa puede gestionar eficazmente su cadena de suministro global para satisfacer la demanda de sus productos en más de 200 países. Utilizando sistemas avanzados de planificación de la demanda y centros de distribución regionales estratégicamente ubicados, Coca-Cola ha logrado minimizar los costos logísticos y mejorar la disponibilidad de productos en mercados emergentes y desarrollados por igual.

2. Toyota: Innovación en la Logística Justo a Tiempo

Toyota ha revolucionado la industria automotriz con su sistema de producción justo a tiempo, que se extiende a su cadena de suministro global. La empresa japonesa utiliza una red logística global altamente eficiente que permite la entrega precisa de componentes y partes a sus plantas de ensamblaje en todo el mundo. Esta estrategia no solo reduce el desperdicio y los costos de inventario, sino que también mejora la capacidad de respuesta ante cambios en la demanda del mercado.

3. Amazon: Logística como Ventaja Competitiva

Amazon ha establecido nuevos estándares en la gestión logística global mediante la creación de una red integrada de centros de distribución automatizados, el uso de algoritmos avanzados para la optimización de rutas y la implementación de servicios de entrega rápida como Amazon Prime. Esta infraestructura logística robusta no solo apoya el crecimiento exponencial de la empresa en ventas en línea, sino que también mejora significativamente la experiencia del cliente al garantizar tiempos de entrega rápidos y precisos.

las estrategias eficientes de distribución y los casos de éxito en la gestión logística global son fundamentales para el éxito de las empresas en un mercado globalizado y competitivo. Al enfrentar desafíos como la diversidad geográfica, las regulaciones aduaneras y la optimización de rutas, las empresas pueden aprender de casos de éxito como Coca-Cola, Toyota y Amazon, que han demostrado cómo la innovación, la colaboración estratégica y el uso inteligente de la tecnología pueden transformar la cadena de suministro global en una ventaja competitiva. Con una planificación cuidadosa y la adopción de mejores prácticas, las empresas pueden optimizar sus operaciones logísticas y ofrecer productos de manera eficiente a clientes en todo el mundo, estableciendo así bases sólidas para un crecimiento sostenible y rentable en el futuro.

Aspecto	Descripción	Ejemplos y Casos
Desafíos en la Distribución Global	Diversidad geográfica y cultural, optimización de rutas y modos de transporte, cumplimiento de normativas aduaneras.	Ejemplo: Nike y sus sistemas avanzados de gestión aduanera para el comercio internacional.
Estrategias Eficientes de Distribución	Redes integradas de distribución global, tecnología avanzada y automatización, colaboración estratégica y alianzas globales.	Ejemplo: Amazon y su red integrada de centros de distribución automatizados.
Casos de Éxito en la Gestión Logística Global	Coca-Cola: optimización de la cadena de suministro global. Toyota: innovación en la logística justo a tiempo. Amazon: logística como ventaja competitiva.	Ejemplos: Coca-Cola, Toyota y Amazon.

Tabla: estadísticas de gestión global. Fuente: OMC

9. MANEJO DE CRISIS Y RIESGOS INTERNACIONALES

En el mundo interconectado y dinámico en el que vivimos, el manejo de crisis y riesgos internacionales se ha convertido en una habilidad crucial tanto para individuos como para organizaciones. Desde eventos geopolíticos hasta crisis económicas y desastres naturales, la capacidad de identificar y evaluar riesgos de manera efectiva puede marcar la diferencia entre la supervivencia y el fracaso. En este contexto, exploraremos cómo se lleva a cabo este proceso, qué herramientas se utilizan y por qué es tan fundamental estar preparados.

La primera etapa en el manejo de crisis y riesgos internacionales es la identificación. Esto implica no solo reconocer los eventos o situaciones que podrían representar una amenaza, sino también entender su naturaleza y potencial impacto. Por ejemplo, un país exportador de petróleo debe estar atento a fluctuaciones en los precios globales del crudo, ya que pueden afectar significativamente su economía. De manera similar, una empresa tecnológica debe estar al tanto de las vulnerabilidades de ciberseguridad que podrían comprometer su infraestructura y datos.

La identificación de riesgos no se limita a lo evidente; también implica anticipar escenarios menos probables pero igualmente significativos. Aquí es donde entra en juego la evaluación de riesgos. Esta fase no solo cuantifica la probabilidad de que ocurran ciertos eventos, sino que también valora sus posibles consecuencias. Utilizando técnicas como el análisis de escenarios y la modelización probabilística, los expertos en gestión de riesgos pueden asignar una calificación o puntuación a cada amenaza identificada, permitiendo una priorización informada de los recursos y acciones preventivas.

Tomemos como ejemplo una multinacional con operaciones en varios países. Su evaluación de riesgos podría revelar que las tensiones políticas en una región específica podrían afectar negativamente su cadena de suministro. En respuesta, la empresa podría desarrollar planes de contingencia que incluyan diversificar proveedores o mantener inventarios estratégicos. Este enfoque proactivo no solo mitiga el riesgo de interrupción operativa, sino que también fortalece la resiliencia organizacional frente a crisis potenciales.

Es importante destacar que el manejo de crisis y riesgos internacionales no se limita a entidades privadas o comerciales. Los gobiernos y las organizaciones internacionales desempeñan un papel crucial en la gestión de amenazas a gran escala, como pandemias globales o crisis climáticas. La identificación temprana de riesgos, apoyada por la colaboración internacional y la transparencia, puede ser fundamental para mitigar el impacto de tales eventos en la sociedad y la economía global.

Un aspecto fundamental de la evaluación de riesgos es la capacidad de adaptación y aprendizaje continuo. En un entorno volátil y cambiante, las amenazas pueden evolucionar rápidamente, haciendo que las estrategias de gestión de riesgos también deban ajustarse con flexibilidad. Las técnicas de monitoreo continuo y la retroalimentación de las experiencias pasadas son fundamentales para mantener la efectividad de los planes de contingencia y mejorar la capacidad de respuesta frente a futuras crisis.

Además de las herramientas y técnicas formales, el manejo de crisis y riesgos internacionales se beneficia enormemente de la colaboración interdisciplinaria y la diversidad de perspectivas. Integrar el conocimiento y la experiencia de diferentes áreas, como la economía, la geopolítica, la ciencia ambiental y la tecnología, enriquece la capacidad de una organización para anticipar y responder a una amplia gama de escenarios de riesgo.

Un ejemplo claro de esta colaboración es la respuesta global a la crisis financiera de 2008. Instituciones financieras, gobiernos y reguladores trabajaron en conjunto para implementar medidas de estímulo económico y reformas regulatorias destinadas a mitigar el riesgo sistémico y restaurar la confianza en los mercados financieros. Esta coordinación internacional fue crucial para evitar una recesión global más profunda y sentar las bases para una recuperación sostenida.

La tecnología también desempeña un papel cada vez más importante en el manejo de crisis y riesgos internacionales. Desde sistemas de alerta temprana hasta plataformas de gestión de crisis en tiempo real, las herramientas digitales pueden mejorar significativamente la capacidad de una organización para detectar, evaluar y responder a emergencias. Por ejemplo, los avances en el análisis de datos y la inteligencia artificial permiten una detección más precisa de patrones de riesgo y la personalización de estrategias de mitigación.

No obstante, a medida que avanzamos hacia un mundo más digitalizado y globalizado, también surgen nuevos desafíos y vulnerabilidades. Las amenazas cibernéticas, por ejemplo, representan un riesgo significativo para empresas e instituciones en todo el mundo. La capacidad de manejar estos riesgos no solo requiere inversiones en tecnología avanzada, sino también en capacitación y concienciación continua de los empleados sobre prácticas de seguridad informática.

El manejo de crisis y riesgos internacionales es un ejercicio continuo de preparación, adaptación y colaboración. A través de la identificación proactiva de riesgos, la evaluación rigurosa de su impacto potencial y la implementación de estrategias de mitigación efectivas, las organizaciones y los gobiernos pueden fortalecer su resiliencia y capacidad de respuesta frente a desafíos cada vez más complejos y globales.

Vivimos en un mundo donde la incertidumbre y la complejidad son la norma. El manejo de crisis y riesgos internacionales no se trata solo de reaccionar ante eventos adversos, sino de anticipar y prepararse para ellos de manera proactiva. A través de un enfoque integrado y colaborativo, podemos no solo minimizar los impactos negativos de las crisis, sino también aprovechar oportunidades para el crecimiento y la innovación.

En el dinámico escenario global actual, las estrategias de mitigación y respuesta frente a crisis internacionales juegan un papel crucial en la supervivencia y prosperidad de individuos, organizaciones y naciones enteras. Desde pandemias devastadoras hasta conflictos geopolíticos y desastres naturales, la capacidad de anticipar, prepararse y responder de manera efectiva puede marcar la diferencia entre la recuperación y la catástrofe. En este contexto, exploraremos cómo se desarrollan estas estrategias, qué principios fundamentales las guían y qué lecciones podemos aprender de casos emblemáticos de superación de crisis a nivel internacional.

Una de las piedras angulares en la gestión de crisis es la estrategia de mitigación. Esta fase se centra en reducir la probabilidad de que ocurran eventos adversos y minimizar su impacto en caso de que sucedan. ¿Cómo se lleva a cabo esto en la práctica? Organizaciones y gobiernos implementan medidas preventivas como planes de contingencia, simulacros de emergencia y sistemas de alerta temprana. Por ejemplo, Japón, un país propenso a terremotos, ha desarrollado infraestructuras robustas y protocolos de evacuación eficientes que han demostrado ser vitales en momentos de crisis sísmica.

La respuesta efectiva ante una crisis es otra faceta fundamental. ¿Qué acciones se toman para mitigar el daño una vez que la crisis ha ocurrido? Aquí, la capacidad de respuesta rápida y coordinada es clave. La distribución de recursos de emergencia, la atención médica inmediata y la restauración de servicios básicos son ejemplos de medidas cruciales. Durante el huracán Katrina en 2005, los equipos de rescate y las organizaciones de ayuda desplegaron esfuerzos intensivos para evacuar a residentes atrapados y proporcionar suministros vitales a las comunidades afectadas en Nueva Orleans y sus alrededores.

Un aspecto crucial de la estrategia de mitigación y respuesta es la planificación anticipada. ¿Cómo se preparan las entidades para enfrentar crisis potenciales antes de que ocurran? Aquí es donde entra en juego la evaluación de riesgos y la planificación estratégica. Por ejemplo, en el sector privado, las empresas multinacionales desarrollan planes de continuidad del negocio que identifican vulnerabilidades críticas y establecen procedimientos para mantener operaciones durante interrupciones significativas, como cortes de energía prolongados o conflictos laborales.

Históricamente, las crisis internacionales han demostrado ser momentos cruciales para la innovación y la resiliencia. ¿Qué historias de superación podemos encontrar que ilustren estos principios? Un caso emblemático es el del tsunami de 2004 en el Océano Índico, que devastó comunidades costeras en varios países. La respuesta internacional fue rápida y coordinada, con la entrega masiva de ayuda humanitaria, la reconstrucción de infraestructuras y la implementación de sistemas de alerta temprana regionales para mitigar futuros desastres similares.

Otro ejemplo inspirador es el manejo de la crisis financiera global de 2008. ¿Cómo los gobiernos y las instituciones financieras mitigaron los efectos devastadores de esta crisis económica? La cooperación internacional fue clave, con la implementación de políticas de estímulo económico coordinadas y reformas regulatorias destinadas a fortalecer los sistemas financieros. Esta respuesta colectiva ayudó a estabilizar los mercados y sentó las bases para una recuperación económica gradual en todo el mundo.

Las estrategias de mitigación y respuesta también se benefician enormemente de la innovación tecnológica. ¿Cómo han evolucionado las herramientas digitales para mejorar la capacidad de respuesta ante crisis internacionales? Desde el uso de plataformas de gestión de crisis en tiempo real hasta aplicaciones móviles para la coordinación de equipos de rescate, la tecnología moderna ha transformado la manera en que las organizaciones pueden anticipar y gestionar emergencias. Por ejemplo, durante la pandemia de COVID-19, los sistemas de seguimiento de casos y la modelización epidemiológica jugaron un papel crucial en la formulación de políticas de salud pública y la asignación de recursos médicos.

Sin embargo, la estrategia de mitigación y respuesta no está exenta de desafíos. ¿Cuáles son algunos de los obstáculos comunes que enfrentan las organizaciones y los gobiernos al implementar estas estrategias? La falta de recursos adecuados, la coordinación deficiente entre múltiples actores y la resistencia al cambio son solo algunos ejemplos. Superar estos desafíos requiere un compromiso continuo con la mejora y la adaptación a medida que evolucionan las amenazas globales.

Un aspecto crucial para el éxito de las estrategias de mitigación y respuesta es la capacitación y el desarrollo de capacidades. ¿Cómo se preparan los individuos y los equipos para enfrentar crisis internacionales de manera efectiva? La formación en gestión de crisis, la simulación de escenarios y el fortalecimiento de las habilidades de liderazgo son fundamentales. Por ejemplo, los equipos de respuesta a emergencias médicas reciben entrenamiento intensivo en manejo de desastres para garantizar una respuesta rápida y coordinada ante situaciones críticas, como accidentes industriales o desastres naturales.

Las lecciones aprendidas de crisis pasadas son fundamentales para informar las estrategias futuras. ¿Cómo pueden las experiencias de superación de crisis a nivel internacional guiar la preparación y respuesta ante crisis futuras? La revisión y la evaluación post-crisis son cruciales para identificar áreas de mejora y fortalecer la resiliencia organizacional y comunitaria. Por ejemplo, después del desastre nuclear de Fukushima en 2011, Japón implementó mejoras significativas en la seguridad nuclear y en los protocolos de gestión de emergencias para minimizar riesgos futuros.

Las estrategias de mitigación y respuesta frente a crisis internacionales son fundamentales para navegar en un mundo cada vez más interconectado y vulnerable. Desde la planificación anticipada hasta la respuesta rápida y coordinada, estas estrategias no solo ayudan a minimizar el impacto de los eventos adversos, sino que también promueven la innovación y fortalecen la resiliencia a nivel global. A través del aprendizaje continuo y la adaptación a las nuevas realidades, podemos estar mejor preparados para enfrentar los desafíos del mañana con confianza y determinación.

Desafío	Estrategia de Mitigación y Respuesta
Crisis Económica Global (Ej. 2008)	Implementación de planes de contingencia financieros para diversificar riesgos y fortalecer la liquidez. Colaboración con reguladores y entidades gubernamentales para ajustar políticas monetarias y fiscales. Reestructuración ágil de operaciones y estrategias comerciales para adaptarse al nuevo entorno económico.
Pandemia Global (Ej. COVID-19)	Desarrollo de protocolos de salud y seguridad robustos. Transición rápida al trabajo remoto y digitalización de procesos. Apoyo continuo a empleados y comunidades locales. Implementación de medidas de continuidad del negocio para garantizar la operatividad durante restricciones y cierres.
Desastres Naturales (Ej. Tsunami)	Inversión en infraestructuras resilientes y sistemas de alerta temprana. Establecimiento de planes de evacuación y respuesta rápida. Cooperación con ONGs y gobiernos para la distribución eficiente de ayuda humanitaria. Rehabilitación sostenible de comunidades afectadas y reconstrucción de infraestructuras clave.
Ciberataques y Seguridad Informática	Implementación de medidas avanzadas de ciberseguridad, como firewalls robustos y sistemas de detección de intrusiones. Capacitación regular en conciencia de seguridad para empleados. Colaboración con expertos en tecnología y agencias gubernamentales para mitigar amenazas cibernéticas emergentes.
Conflictos Geopolíticos (Ej. Sanciones)	Diversificación de mercados y proveedores para reducir la dependencia de regiones o países específicos. Monitoreo constante de tendencias geopolíticas y evaluación de riesgos políticos. Adopción de estrategias flexibles de gestión de riesgos para adaptarse a cambios regulatorios y económicos imprevistos.

Tabla: Estrategias de mitigación de riesgos. Fuente: Bloomberg

10. EVALUACIÓN DEL ÉXITO Y MEJORA CONTINUA

En el competitivo mundo de los negocios internacionales, la evaluación del éxito y la mejora continua son pilares fundamentales para cualquier empresa que aspire a mantenerse relevante y prosperar en mercados globales. En este contexto, los Indicadores Clave de Desempeño (KPIs, por sus siglas en inglés) desempeñan un papel crucial al proporcionar métricas claras y objetivas que permiten a las organizaciones medir su rendimiento y tomar decisiones informadas.

Los KPIs son herramientas que ofrecen una visión detallada de cómo una empresa está alcanzando sus objetivos estratégicos y operativos. En el ámbito internacional, donde las dinámicas del mercado pueden variar significativamente de un país a otro, es aún más vital contar con KPIs adecuados que reflejen tanto los desafíos como las oportunidades específicas de cada región.

Uno de los primeros pasos para diseñar un sistema efectivo de KPIs en mercados internacionales es entender la naturaleza única de cada mercado objetivo. Esto implica considerar factores como las diferencias culturales, las preferencias del consumidor, la competencia local y las regulaciones gubernamentales. Por ejemplo, lo que puede ser efectivo en un mercado europeo altamente regulado podría no serlo en un mercado emergente de Asia, donde las tendencias del consumidor y las infraestructuras comerciales son distintas.

En este sentido, los KPIs deben ser adaptados y personalizados para capturar con precisión las métricas que realmente importan en cada contexto geográfico. Esto podría incluir métricas relacionadas con la penetración de mercado, el crecimiento de la cuota de mercado, la satisfacción del cliente, la rentabilidad ajustada al riesgo, entre otros indicadores relevantes.

Un aspecto clave de los KPIs en mercados internacionales es su capacidad para proporcionar información en tiempo real y de manera accesible. En un entorno globalizado donde las decisiones pueden tener repercusiones inmediatas en múltiples ubicaciones, contar con datos actualizados y análisis en tiempo real es esencial para la toma de decisiones ágil y eficaz.

Además, la evaluación del éxito a través de KPIs no se limita simplemente a medir el desempeño pasado, sino que también debe incluir la capacidad de prever tendencias futuras y adaptarse proactivamente a los cambios del mercado. Esto implica utilizar herramientas avanzadas de análisis predictivo y modelado para identificar patrones emergentes y ajustar las estrategias empresariales en consecuencia.

Otro aspecto fundamental de la evaluación del éxito en mercados internacionales es la capacidad de benchmarking o comparación con los competidores y las mejores prácticas del sector. Los KPIs proporcionan una base objetiva para evaluar cómo se sitúa una empresa frente a sus rivales directos y dónde existen oportunidades para mejorar o diferenciarse.

Es importante destacar que la mejora continua es un principio fundamental que subyace en la efectividad de los KPIs en mercados internacionales. Esto implica un compromiso constante con la innovación y la optimización de procesos, productos y estrategias comerciales. Los KPIs no solo deben reflejar los logros pasados, sino también servir como guía para la innovación y el crecimiento futuro.

En la práctica, la implementación efectiva de KPIs en mercados internacionales requiere un enfoque holístico que involucre a todas las funciones y niveles de la organización. Desde la alta dirección hasta los equipos operativos en el terreno, todos deben estar alineados en cuanto a los objetivos estratégicos y los indicadores clave que impulsan el éxito a largo plazo.

Un ejemplo concreto de aplicación de KPIs en mercados internacionales podría ser el caso de una empresa tecnológica que busca expandirse en América Latina. Sus KPIs podrían incluir la adquisición de nuevos clientes en mercados específicos, la retención de clientes existentes, la mejora en la satisfacción del cliente mediante encuestas net promoter score (NPS), y la adaptación de productos a las necesidades locales. Estos indicadores no solo proporcionarían una evaluación clara del éxito en la región, sino que también guiarían las estrategias de marketing, ventas y desarrollo de productos para maximizar el impacto y la eficiencia operativa.

Los Indicadores Clave de Desempeño son herramientas indispensables para la evaluación del éxito y la mejora continua en mercados internacionales. Al proporcionar métricas objetivas y contextualmente relevantes, permiten a las organizaciones no solo medir su desempeño actual, sino también adaptarse y prosperar en entornos empresariales cada vez más complejos y globalizados. Con un enfoque centrado en la innovación, la agilidad y la excelencia operativa, las empresas pueden utilizar los KPIs como catalizadores para el crecimiento sostenible y la ventaja competitiva en el escenario mundial.

En el dinámico mundo empresarial contemporáneo, la evaluación y la retroalimentación efectivas son cruciales para el éxito a largo plazo de cualquier organización. Estos procesos no solo permiten medir el progreso y la eficacia de las estrategias implementadas, sino que también son fundamentales para identificar áreas de mejora y oportunidades de crecimiento. En este contexto, exploraremos métodos avanzados de evaluación y retroalimentación, así como los desafíos asociados con proyectos y simulaciones que pueden ayudar a los lectores a reflexionar y aplicar estos conceptos de manera práctica.

Métodos de Evaluación y Retroalimentación

La evaluación y la retroalimentación efectivas van más allá de simplemente recopilar datos; implican la interpretación cuidadosa de información para obtener insights significativos que impulsen decisiones estratégicas informadas. ¿Cómo puede una organización evaluar su desempeño de manera efectiva en un entorno global competitivo? Los métodos de evaluación pueden variar desde simples encuestas de satisfacción hasta complejos análisis de datos y evaluaciones de impacto.

Un método comúnmente utilizado es el análisis de datos cuantitativos y cualitativos. Por ejemplo, una empresa de tecnología podría analizar métricas clave como el retorno sobre la inversión (ROI) de sus campañas publicitarias en diferentes regiones del mundo. Este análisis no solo proporciona una visión clara del rendimiento financiero, sino que también revela tendencias de mercado y preferencias de los consumidores que pueden guiar futuras estrategias de marketing y ventas.

Otro método efectivo es la realización de estudios de caso detallados. Los estudios de caso permiten a las organizaciones examinar experiencias pasadas para identificar qué estrategias han funcionado bien y cuáles podrían mejorarse. Por ejemplo, una empresa de alimentos que se expande internacionalmente podría estudiar casos de éxito y fracaso en la introducción de productos en nuevos mercados para aprender lecciones valiosas sobre adaptación cultural, estrategias de precio y canales de distribución.

Además, la retroalimentación continua de los clientes y empleados es esencial para evaluar el rendimiento de una empresa. Las encuestas de satisfacción, los comentarios en redes sociales y los sistemas formales de quejas y sugerencias proporcionan una valiosa retroalimentación sobre la percepción de la marca y la calidad del servicio. Por ejemplo, una cadena hotelera internacional podría utilizar encuestas post-estancia para evaluar la satisfacción de los huéspedes y hacer ajustes operativos según los comentarios recibidos.

Los métodos de evaluación y retroalimentación también pueden incluir técnicas más avanzadas, como la evaluación de impacto ambiental y social en proyectos globales. Una compañía que opera en múltiples países podría llevar a cabo evaluaciones para medir cómo sus operaciones afectan al medio ambiente y a las comunidades locales. Estos datos no solo ayudan a cumplir con las normativas locales e internacionales, sino que también refuerzan el compromiso corporativo con la sostenibilidad y la responsabilidad social.

Desafíos para el Lector: Proyectos y Simulaciones

Ahora, consideremos cómo los desafíos asociados con proyectos y simulaciones pueden enriquecer la comprensión y aplicación de métodos de evaluación y retroalimentación en contextos internacionales. ¿Cómo puede un lector enfrentar estos desafíos y aplicar principios aprendidos en situaciones del mundo real?

Un desafío común es la gestión de proyectos internacionales complejos. Imagina que eres el gerente de un proyecto de expansión en Asia para una empresa de moda europea. Debes evaluar no solo el rendimiento financiero del proyecto, sino también la aceptación de la marca en diferentes culturas y la eficacia de las estrategias de marketing adaptadas. ¿Cómo medirías el éxito del proyecto? ¿Qué indicadores clave usarías para evaluar la penetración en el mercado y la satisfacción del cliente?

Otro desafío fascinante es el uso de simulaciones empresariales para experimentar con diferentes escenarios y estrategias. Por ejemplo, podrías participar en una simulación donde juegas el papel de un ejecutivo en una empresa multinacional que enfrenta una crisis de reputación en América Latina. ¿Cómo manejarías la situación? ¿Qué estrategias de comunicación y gestión de crisis implementarías para evaluar el impacto y la efectividad de tus decisiones?

Los proyectos y simulaciones ofrecen a los lectores la oportunidad de aplicar teorías y conceptos en un entorno controlado y realista. Estas experiencias no solo fortalecen las habilidades de toma de decisiones y resolución de problemas, sino que también fomentan un enfoque reflexivo y crítico hacia la evaluación y la retroalimentación en contextos internacionales.

Considera también el desafío de la diversidad cultural y la gestión intercultural en la evaluación y retroalimentación. ¿Cómo pueden las diferencias culturales influir en la interpretación de los datos y en la implementación de recomendaciones? Por ejemplo, una empresa tecnológica que opera en Europa y Asia podría enfrentar desafíos significativos en términos de comunicación y expectativas culturales al recopilar y analizar datos de desempeño de sus empleados en diferentes regiones.

Finalmente, la integración de tecnologías emergentes como la inteligencia artificial y el aprendizaje automático ofrece nuevas oportunidades para mejorar la precisión y la eficiencia de la evaluación y retroalimentación en entornos internacionales. Imagina una empresa de logística global que utiliza análisis predictivo para anticipar demandas del mercado y optimizar rutas de transporte en tiempo real. ¿Cómo podrían estos avances tecnológicos transformar la forma en que se evalúa y retroalimenta el rendimiento empresarial en un contexto globalizado?

Los métodos de evaluación y retroalimentación son fundamentales para guiar el éxito y la mejora continua en entornos empresariales internacionales. A través de desafíos prácticos y ejemplos concretos, los lectores pueden explorar cómo aplicar estos conceptos en situaciones del mundo real, enfrentando y superando obstáculos para optimizar el rendimiento y alcanzar objetivos estratégicos en un mercado global dinámico y competitivo.

BIBLIOGRAFÍA

1. Kotler, P., & Armstrong, G. (2018). *Principles of marketing* (17th ed.). Pearson Education.

2. Keegan, W. J., & Green, M. C. (2017). *Global marketing* (9th ed.). Pearson.

3. Czinkota, M. R., & Ronkainen, I. A. (2013). *International marketing* (10th ed.). Cengage Learning.

4. Hollensen, S. (2019). *Global marketing: A decision-oriented approach* (8th ed.). Pearson Education.

5. Usunier, J. C., & Lee, J. A. (2017). *International marketing* (4th ed.). Pearson.

6. Jain, S. C. (2018). *International marketing management* (2nd ed.). South-Western Cengage Learning.

7. Onkvisit, S., & Shaw, J. J. (2020). *International marketing: Strategy and theory* (7th ed.). Routledge.

8. Brassington, F., & Pettitt, S. (2017). *Principles of marketing* (8th ed.). Pearson Education Limited.

9. Kotler, P., & Keller, K. L. (2016). *Marketing management* (15th ed.). Pearson.

10. Hollensen, S. (2019). *Marketing management: A relationship approach* (4th ed.). Pearson Education.

Fin

www.ingramcontent.com/pod-product-compliance
Lightning Source LLC
Chambersburg PA
CBHW071951210526
45479CB00003B/894